クレオパトラ
はじまるよ!

クレオパトラ

文／金治直美
絵／佐々木メエ
監修／近藤二郎（早稲田大学エジプト学研究所所長）

Gakken

人物《じんぶつ》ガイド

古代《こだい》エジプトを守《まも》ろうとした女王《じょおう》
クレオパトラ

今《いま》から、二千年《ねん》以上《いじょう》前《まえ》に
じっさいにいた女王《じょおう》、
クレオパトラの人生《じんせい》の物語《ものがたり》です。
知恵《ちえ》と勇気《ゆうき》で、
国《くに》と人《ひと》びとを守《まも》ろうとします。

クレオパトラ
（※紀元前《きげんぜん》69～紀元前《きげんぜん》30年《ねん》）

古代《こだい》エジプトの王女《おうじょ》として生《う》まれる。祖先《そせん》は、ギリシア系《けい》。

※紀元前《きげんぜん》…西暦《せいれき》がはじまる前《まえ》の年《とし》をあらわす方法《ほうほう》。西暦《せいれき》1年《ねん》より1年前《ねんまえ》が紀元前《きげんぜん》1年《ねん》、2年前《ねんまえ》が紀元前《きげんぜん》2年《ねん》……となる。

古代《こだい》エジプトとは？

今《いま》から約《やく》5000年前《ねんまえ》～約《やく》2000年前《ねんまえ》の時代《じだい》のエジプト。
おどろくほど文明《ぶんめい》が進《すす》んでいました。

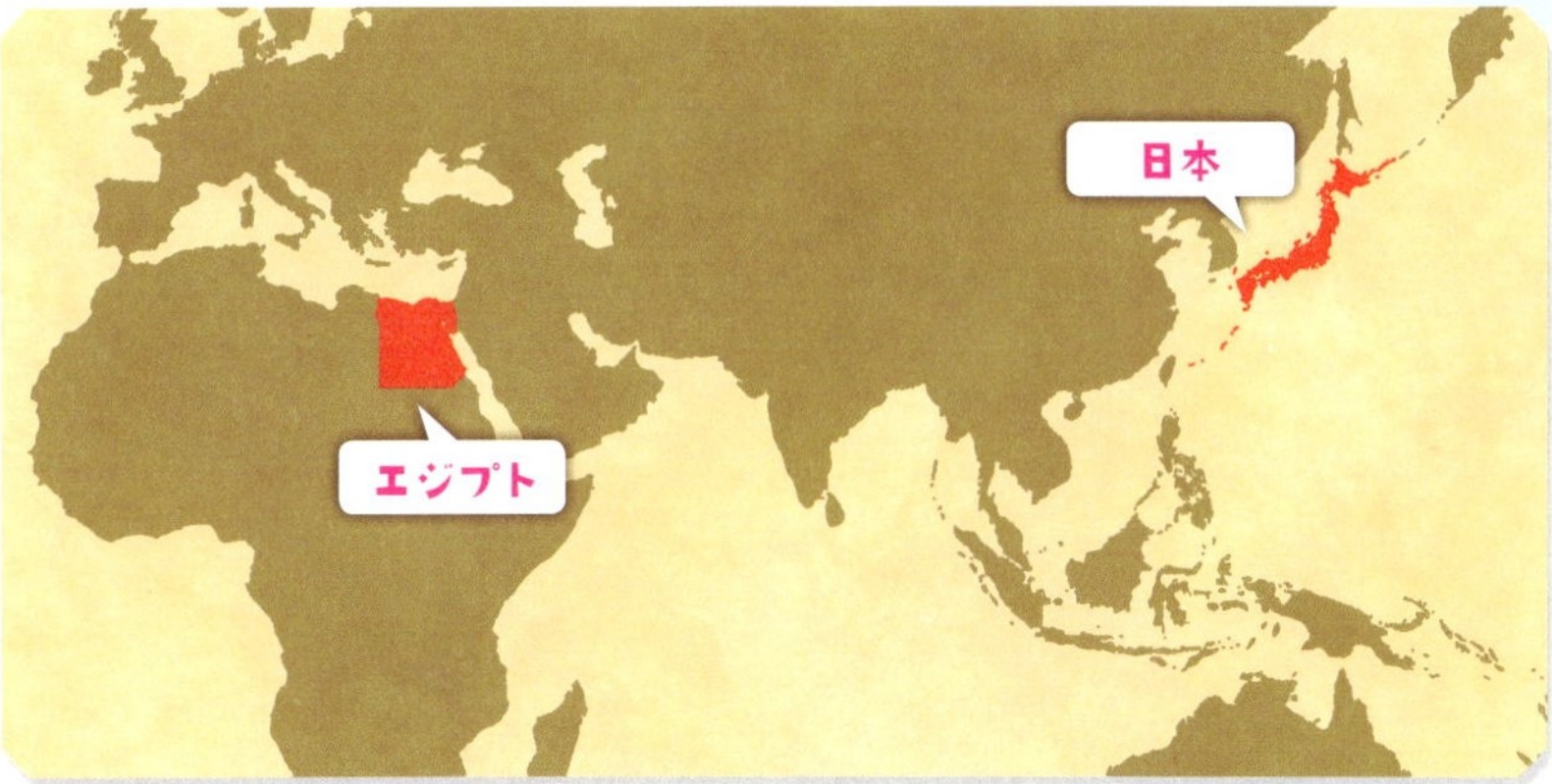

※この地図《ちず》は、現代《げんだい》のものです。古代《こだい》エジプトの領土《りょうど》は、時期《じき》によって変《か》わっています。

クレオパトラは、どんな人《ひと》？

国《くに》の人《ひと》びとを
大切《たいせつ》にした女王《じょおう》！

勉強《べんきょう》が大《だい》すき！
7《なな》つの言葉《ことば》を話《はな》せる！

そのころ、古代《こだい》エジプトはゆたかではありますが、古代《こだい》ローマの領土《りょうど》にかこまれていました。他《ほか》の国《くに》から守《まも》ろうとするクレオパトラは、人《ひと》びとにも、したわれていました。

ギリシア語《ご》、エジプト語《ご》など、いろいろな言葉《ことば》を話《はな》せました。そのため、通訳《つうやく》なしで、外国《がいこく》の人《ひと》たちと話《はな》すことができたのでした。

ここのあたりの
地図《ちず》だよ！
日本
当時《とうじ》、とても力《ちから》があった国《くに》、
古代《こだい》ローマの中心都市《ちゅうしんとし》。
クレオパトラは、
カエサリオンといっしょに
ローマに行《い》き、式《しき》に出《で》る。
ローマ
クレオパトラの
祖先《そせん》がいた所《ところ》。
マケドニア
アクティウム
クレオパトラと
アントニウスの連合軍《れんごうぐん》と、
オクタウィアヌスが
たたかった所《ところ》。
地中海《ちちゅうかい》
アレクサンドリア
クレオパトラや、
その祖先《そせん》の王《おう》が
代《だい》だい住《す》んでいた、
古代《こだい》エジプトの中心地《ちゅうしんち》。

※地図《ちず》の大陸《たいりく》や島《しま》は、現代《げんだい》のものです。今《いま》は地名《ちめい》がのこっていない、古代都市名《こだいとしめい》もあります。

クレオパトラのできごとマップ

クレオパトラにゆかりのある場所《ばしょ》をしょうかいします。

クレオパトラが、
アントニウスと再会《さいかい》した港町《みなとまち》。
ごうかな船《ふね》やごちそうでもてなす。
タルソス
キプロス島《とう》
もともとは、古代《こだい》エジプトの領土《りょうど》。
古代《こだい》ローマにせめとられてしまう。
シリアの砂ばく
弟《おとうと》のテオスと対立《たいりつ》して、
クレオパトラが
にげてきた場所《ばしょ》。
ギーザの
ピラミッド
ナイル川《がわ》
紅海《こうかい》
テーベ
古代《こだい》エジプトで、とうといとされた聖地《せいち》。
神殿《しんでん》がたくさんある。
今《いま》のルクソルの一部《いちぶ》。
クレオパトラは、人《ひと》びとの信《しん》こうや
聖地《せいち》を大事《だいじ》にし、ここまで船《ふね》でやってきた。

この本《ほん》に出《で》てくる 古代《こだい》エジプトの人《ひと》たち

王族《おうぞく》である、クレオパトラの家族《かぞく》が登場《とうじょう》します。

プトレマイオス12世《せい》

クレオパトラのお父《とう》さんで、王《おう》さま。笛《ふえ》をふくのが大《だい》すきで「笛《ふえ》ふき王《おう》」とよばれる。

テオス

クレオパトラの8歳《さい》下《した》の弟《おとうと》。クレオパトラといっしょに、国《くに》をおさめることになる。

クレオパトラ

わたしの時代《じだい》のことを、もっと、しょうかいするわ！

カエサリオン

クレオパトラとカエサルの子《こ》ども。おさなくして王座《おうざ》につくが、やがて命《いのち》をねらわれ……。

めくってね

この本《ほん》に出《で》てくる 古《こ》代《だい》ローマの人《ひと》たち

歴史《れきし》に名《な》をのこす、有名《ゆうめい》な人《ひと》たちが出《で》てきます。

カエサル

ローマの
将軍《しょうぐん》であり英雄《えいゆう》。
政治家《せいじか》としても
活《かつ》やくする。

アントニウス

カエサルが
信《しん》らいしていた家来《けらい》。
明《あか》るく、人《ひと》にしたわれる。
のちにエジプトに
住《す》む。

オクタウィアヌス

カエサルのおい。
カエサルのあとつぎ。
やがてアントニウスと
あらそうように
なる。

めくってね

灯台《とうだい》
高《たか》さ100メートルをこえる、大《おお》きな灯台《とうだい》。当時《とうじ》の地球上《ちきゅうじょう》でもっとも高《たか》い、たて物《もの》のひとつ。
ファロス島《とう》
港《みなと》
神殿《しんでん》
アレクサンドリアには、エジプトやギリシアの神《かみ》の神殿《しんでん》が、たくさんあった。
市場《いちば》
人《ひと》びとが買《か》い物《もの》をする市場《いちば》。くだもの、肉《にく》、アクセサリーなどいろいろな物《もの》が売《う》られていた。
とっても、すてきな所《ところ》でしょ。

※イラストはイメージです。まだわかっていない部分《ぶぶん》も多《おお》く、じっさいとは異《こと》なる場合《ばあい》があります。

古代都市《こだいとし》アレクサンドリア
クレオパトラが住《す》んでいた大都市《だいとし》。
大《おお》きな灯台《とうだい》や図書館《としょかん》があり、いろいろな人種《じんしゅ》が集《あつ》まる、
にぎやかな所《ところ》でした。
王宮専用《おうきゅうせんよう》の港《みなと》
アレクサンドリア図書館《としょかん》
10万巻以上《まんかんいじょう》の書物《しょもつ》がある、当時《とうじ》世界一《せかいいち》の図書館《としょかん》。
王宮《おうきゅう》
王族《おうぞく》が住《す》む。クレオパトラが生《う》まれそだった所《ところ》。
ムセイオン
学者《がくしゃ》たちが集《あつ》まる、学問《がくもん》の研究所《けんきゅうじょ》。
城《じょう》へき
アレクサンドリアの都市《とし》を守《まも》る、かべ。

やさしく読めるビジュアル伝記

クレオパトラ　もくじ

※この本《ほん》は、2018年《ねん》4月現在《がつげんざい》での情報《じょうほう》にもとづいた構成《こうせい》にしていますが、内容《ないよう》によっては異《こと》なる説《せつ》もあります。また、人物《じんぶつ》の言葉《ことば》や一部《いちぶ》のエピソードについては、設定《せってい》や史実《しじつ》をもとに想定《そうてい》したものになります。挿絵《さしえ》は史実《しじつ》にもとづきながらも、小学生《しょうがくせい》が楽《たの》しめるよう、親《した》しみやすく表現《ひょうげん》しています。

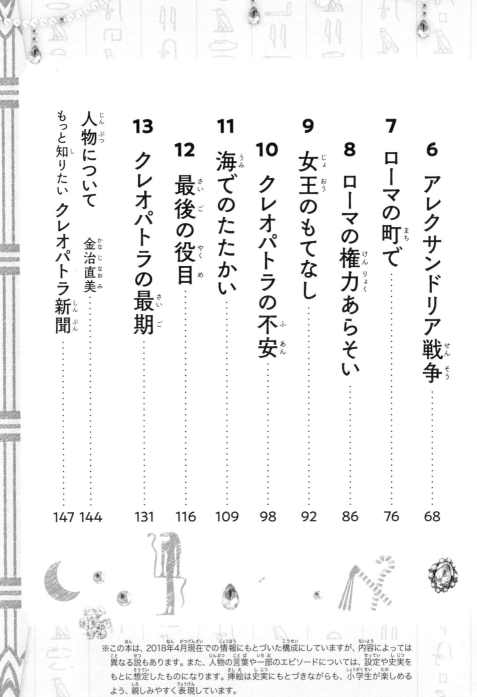

プロローグ

「なんてたくさんの人《ひと》やお店《みせ》！　これが市場《いちば》なのね。」

小《ちい》さなクレオパトラは、市場《いちば》の入《い》り口《ぐち》に立《た》ち、目《め》を丸《まる》くしました。

道《みち》の左右《さゆう》に小《ちい》さな店《みせ》がぎっしりつらなり、魚《さかな》、肉《にく》、くだもの、スパイス*、服《ふく》やじゅうたん、ランプやつぼ、皿《さら》、色《いろ》とりどりのネックレスやブレスレットなど、あらゆるものがならんでいます。

そこにひしめく人《ひと》びとの、はだの色《いろ》やかみの色《いろ》、ひとみの色《いろ》も、さまざまでした。

ここは、今《いま》から二千年《ねん》以《い》上前《じょうまえ》のエジプトの都市《とし》アレクサンドリア。

*スパイス…食《た》べ物《もの》に、かおりやからみをつけるためのもの。こうしん料《りょう》。ここでは、こしょう、シナモン、にんにくなど。

＊1地中海《ちちゅうかい》の港町《みなとまち》であり、いろいろな国《くに》や地域《ちいき》から人《ひと》びとが集《あつ》まってくる、国際都市《こくさいとし》となっていました。

市場《いちば》じゅうに、肉《にく》をあぶるにおいや、油《あぶら》やスパイスのにおいが、たちこめています。ふだんクレオパトラが話《はな》す、ギリシア語《ご》だけではなく、聞《き》いたことのない言葉《ことば》が、とびかっています。

＊2乳母《うば》が、声《こえ》をかけてきました。

「さあ、もういいでしょう？　市場《いちば》をちょっとのぞくだけ、というから、おつれしたのですよ。」

クレオパトラは、おいわいや、おまつりのときの王家《おうけ》のパレードのほかは、町《まち》に出《で》たことはありませんでした。

「エジプト王家《おうけ》の王女《おうじょ》さまが、このようなところに来《き》てはいけませ

＊1地中海《ちちゅうかい》…北《きた》と西《にし》はヨーロッパ、南《みなみ》はアフリカ、東《ひがし》はアジアの三大陸《たいりく》にかこまれた海《うみ》。＊2乳母《うば》…母親《ははおや》に代《か》わって子《こ》どもの世話《せわ》をする女性《じょせい》のよび名《な》。

ん。王《おう》さまにしかられますよ。」

そういって、乳母《うば》が向《む》きをかえたとき、クレオパトラの耳《みみ》に、知《し》っている言葉《ことば》が、とびこんできました。乳母《うば》がときどき使《つか》う、エジプト語《ご》です。

「新《しん》せんなくだものだよ！　あまーいくだものは、いかが？」
＊3いちじくや＊4ざくろ、むらさき色《いろ》や緑色《みどりいろ》のぶどう、＊5なつめやしの実《み》をつみあげた店《みせ》で、エジプト人《じん》の女《おんな》の人《ひと》が、声《こえ》をはりあげています。
クレオパトラは、ぴょんと、はねるように走《はし》りだしました。くだものを売《う》る女《おんな》の人《ひと》にかけより、「これ、おいしいの？」と、エジプト語《ご》で話《はな》しかけたのです。

女《おんな》の人《ひと》は、大《おお》きな口《くち》でわらい、「もちろんさ。どれもおいしいよ」

＊3いちじく…クワ科《か》の木《き》。あまい実《み》がなる。＊4ざくろ…ミソハギ科《か》の木《き》。実《み》はあまずっぱい。＊5なつめやし…ヤシ科《か》の木《き》。デーツとよばれるあまい実《み》がなる。

と答《こた》えました。

クレオパトラは、ちょっと考《かんが》えてから、エジプト語《ご》でいいました。

「どれも、*ナイル川《がわ》で運《はこ》んできたの？」

「そうだよ。かわいいおじょうちゃん。一こ、食《た》べてみるかい？」

女《おんな》の人《ひと》が、いちじくを一《ひと》つ、さしだしました。

「ありがとう！」

まわりの人《ひと》たちが足《あし》を止《と》め、わらいながら、さかんに何《なに》か話《はな》しかけてきます。

（なんていっているのかしら？　ギリシア語《ご》とエジプト語《ご》のほかは、わからないわ。でも、みんな、うまいぞ、食《た》べてみなさい、とかいっているみたい。）

＊ナイル川《がわ》…アフリカの東部《とうぶ》を流《なが》れて地中海《ちちゅうかい》に注《そそ》ぐ、世界一長《せかいいちなが》い川《かわ》。この川《かわ》ぞいの下流地《かりゅうち》域《いき》を中心《ちゅうしん》に、古代《こだい》エジプト文明《ぶんめい》が生《う》まれた。

いちじくを二《ふた》つにわり、つるりと口《くち》に入《い》れたとき、乳母《うば》がとんできて、耳元《みみもと》でいいました。

「クレオパトラさま！　だめでございますよ、こんなところで、物《もの》をもらっては！」

乳母《うば》は、くだものを売《う》る女《おんな》の人《ひと》に、「ありがとうよ」と声《こえ》をかけて、クレオパトラをせかしました。

「さあ、帰《かえ》りましょう。」

クレオパトラはふりかえり、市場《いちば》の人《ひと》たちに手《て》をふりました。みんな、わらって手《て》をふりかえしてくれました。

クレオパトラは、急《いそ》いでいちじくをのみこんでから、乳母《うば》にいいました。

「ごめんなさい！　でもね、わたし、今《いま》、エジプト語《ご》でしゃべったのよ！」

「まあ！」

「わたしね、エジプト語《ご》も、ほかの言葉《ことば》も、もっともっとたくさん、話《はな》せるようになりたいわ。」

乳母《うば》はおどろいて、きらきらした目《め》の小《ちい》さな王女《おうじょ》を見《み》つめました。クレオパトラのお父《とう》さんである王《おう》さまをはじめ、だれ一人《ひとり》、こんなことをいう王家《おうけ》の人《ひと》はいませんでした。

「クレオパトラさまは、この先《さき》きっと、すばらしいお方《かた》になられますよ。」

乳母《うば》は、目《め》を細《ほそ》めてつぶやきました。

1 いたずら王女《おうじょ》

クレオパトラは、古代《こだい》エジプト王《おう》国《こく》の都《みやこ》、アレクサンドリアで生《う》まれました。そのときの王《おう》さま、プトレマイオス十二世《せい》の、二番《ばん》めの王女《おうじょ》でした。

エジプトは、今《いま》からおよそ五千年《ねん》も昔《むかし》に生《う》まれた国《くに》です。高《たか》い文明《ぶんめい》をほこり、クレオパトラが生《う》まれたこ

ろも進《すす》んだ学問《がくもん》があり、おしばいや音楽《おんがく》や文学《ぶんがく》も、さかんでした。

クレオパトラは、大《おお》きな美《うつく》しい＊王宮《おうきゅう》で、王女《おうじょ》さまとして大切《たいせつ》に育《そだ》てられました。

じつは、クレオパトラの一族《いちぞく》は、もともとエジプト人《じん》ではなく、ギリシアの北《きた》のマケドニアという国《くに》からやってきた人《ひと》びとでした。一族《いちぞく》はみな、ギリシア語《ご》を話《はな》し、ギリシア風《ふう》の生活《せいかつ》をしていました。

＊王宮《おうきゅう》…王《おう》の住《す》むごてん。

「ねえ、女神《めがみ》*1イシスさまのお話《はなし》、聞《き》かせて。」
おさないクレオパトラは、夜《よる》ねむる前《まえ》に、乳母《うば》にエジプトの神《かみ》さまたちの話《はなし》をしてもらうのを楽《たの》しみにしていました。
クレオパトラにとって、エジプトの神《かみ》さまの話《はなし》は、身近《みぢか》なものでした。アレクサンドリアには、エジプトの神《かみ》さま*2をまつるりっぱな神殿《しんでん》が、いくつもあります。女神《めがみ》イシスの神殿《しんでん》も、王宮《おうきゅう》のすぐ近《ちか》くにありました。

それは、ギリシア人《じん》を祖先《そせん》とする、代《だい》だいのプトレマイオス王《おう》が、国民《こくみん》にギリシアの神《かみ》さまを信《しん》じることをおしつけず、大昔《おおむかし》からのエジプトの神《かみ》さまへの*3信《しん》こうも、大切《たいせつ》にしてきたからでした。

乳母《うば》は、エジプト語《ご》でゆっくりと、イシスの話《はなし》を語《かた》ります。

イシスは、死《し》んだ夫《おっと》を生《い》きかえらせたという、力《ちから》の強《つよ》い女神《めがみ》です。

「昔《むかし》むかし、女神《めがみ》イシスは、なきながら、夫《おっと》のなきがら*4をさがしあるいていました……。」

こうして、クレオパトラは神話《しんわ》とともに、エジプト語《ご》をおぼえていきました。

「ここには、すごく大《おお》きなヘビがいるのよ。わたしを十回《かい》も、ぐるぐるまきにできるほどの。」

あるとき、クレオパトラが、王宮《おうきゅう》の庭園《ていえん》の木立《こだち》を指《ゆび》さしました。

いっしょに遊《あそ》んでいた四、五人《にん》の子《こ》どもたちが、おそろしそうに

*1イシス…エジプト神話《しんわ》の女神《めがみ》。エジプトの読《よ》み方《かた》では、シュトとなる。*2まつる…ここでは、神《かみ》としてうやまい、ある場所《ばしょ》にすえおくこと。*3信《しん》こう…信《しん》じて、うやまうこと。*4なきがら…死《し》んだ人《ひと》の体《からだ》。

あとずさりをしました。みんな、クレオパトラの遊《あそ》び相手《あいて》にえらばれた、身分《みぶん》の高《たか》い家《いえ》の子《こ》どもたちです。

「そんなに大《おお》きいヘビなら、ニシキヘビでしょう、王女《おうじょ》さま。ここにはいませんよ。見《み》たことないですもの。」

と、一人《ひとり》の男《おとこ》の子《こ》がいいました。

「あら、わたしは見《み》たわ。昔《むかし》は、この庭園《ていえん》の中《なか》で、大《おお》きなニシキヘビをかっていたんですって。その子《こ》どもの子《こ》どもの子《こ》どもなのよ、きっと。あっ、いた！」

クレオパトラがすぐそばの木《き》をゆすると、大《おお》きな長《なが》いものが、ばらりと落《お》ちてきました。

「きゃーっ、大《おお》ヘビ！」

子《こ》どもたちが、
いっせいに
かけだしました。

「ほーら、いたでしょ？」

クレオパトラが、わらいました。

一人《ひとり》の女《おんな》の子《こ》が立《た》ちどまり、おそるおそる近《ちか》づいてきました。

「なーんだ、これ、ふくろよ。*あさぬのの、細長《ほそなが》ーいふくろ。」

それは、クレオパトラが、木《き》の上《うえ》にかくしておいたものでした。

「なーんだ。クレオパトラさまったら！」

「いたずらずきなんだから！」

子《こ》どもたちは、ほっとしてわらいだしました。

クレオパトラは、大《おお》きな目《め》をくるっと回《まわ》しました。

「ヘビをこわがるなんて、おかしいわ。エジプト王《おう》のかんむりにも、コブラがついているでしょう。」

すると、一人《ひとり》の男《おとこ》の子《こ》がいいました。

「コブラは守《まも》り神《がみ》、ウアジェトさまをあらわしているんですよね。エジプトの神《かみ》さまって、動物《どうぶつ》のすがたであらわされることが多《おお》いですね。ネコとか。」

「ええ、ネコは、女神《めがみ》バステトさまね。イシスさまは、トビ。太陽《たいよう》神《しん》ラーさまは、ハヤブサ。強《つよ》い力《ちから》をもつ動物《どうぶつ》は、神《かみ》さまとされるのよ。あっ、あそこにバステトさまが！」

クレオパトラが、館《やかた》のほうを指《ゆび》さしました。

「えっ。」

子《こ》どもたちが、目《め》を丸《まる》くしました。

しかし、そこにいたのは、茶色《ちゃいろ》のネコ。

＊あさぬの…アサ科《か》の植物《しょくぶつ》の糸《いと》でおったぬの地《じ》。通気性《つうきせい》がよい。

「ニャオーン」と、しっぽをふりあげて歩《ある》いていきます。

「なーんだ、クレオパトラさまのかわいがっている、ネコちゃんじゃない？　また、だまされた〜。」

子《こ》どもたちのわらい声《ごえ》が、真《ま》っ青《さお》な空《そら》にひびきました。

庭園《ていえん》の向《む》こうは、空《そら》と同《おな》じ青色《あおいろ》にきらめく、地中海《ちちゅうかい》

です。港《みなと》には、外国《がいこく》から来《き》た船《ふね》が、何《なん》そうもうかんでいました。

2 わかるって、おもしろい！

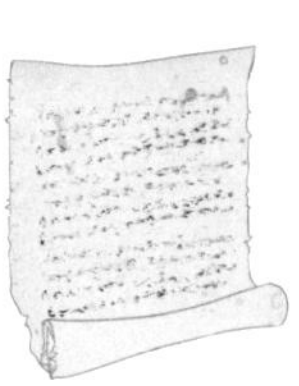

「クレオパトラ王女《おうじょ》さまは、今日《きょう》はどんな書物《しょもつ》*1を、おのぞみで？」

図書館《としょかん》の係官《かかりかん》が、クレオパトラの後《うし》ろにひかえる侍女《じじょ》にたずねました。

「王女《おうじょ》さまは、薬学《やくがく》*2の書物《しょもつ》を読《よ》みたいそうです。」

侍女《じじょ》が、そう答《こた》えると、係官《かかりかん》はうなずいて、二人《ふたり》をおくのほうのたなに案内《あんない》してくれました。

ここは、王宮《おうきゅう》の近《ちか》くにある、アレクサンドリア図書館《としょかん》。十万巻《まんかん》以上《いじょう》もの書物《しょもつ》がある、そのころでは世界一《せかいいち》の図書館《としょかん》です。王宮《おうきゅう》とは、くらべものにはなりませんが、りっぱな石《いし》づくりの大《おお》きな建物《たてもの》で、たなには巻物《まきもの》が、天《てん》じょうまでびっしりとつまれています。＊3パピルスのにおいが、みちています。

アレクサンドリアの港《みなと》には、世界《せかい》じゅうからたくさんの人《ひと》や物《もの》、そして、書物《しょもつ》も集《あつ》まってくるのです。

もちろん、王宮《おうきゅう》にも書物《しょもつ》はあります。ギリシアの古《ふる》い物語《ものがたり》などは、もう何回《なんかい》読《よ》んだかわかりません。勉強《べんきょう》の時間《じかん》もたくさんあり、家庭《かてい》教師《きょうし》から、数学《すうがく》、地理《ちり》や歴史《れきし》なども教《おそ》わっていました。音楽《おんがく》の時間《じかん》に、＊4たてごとのレッスンをすることもありました。

それでも、クレオパトラは王宮《おうきゅう》をぬけだして、図書館《としょかん》へ行《い》くのがすきでした。

＊1書物《しょもつ》…古代《こだい》エジプトでは、巻物《まきもの》の形《かたち》をしていたと考《かんが》えられている。＊2薬学《やくがく》…薬《くすり》のききめや作《つく》り方《かた》について研究《けんきゅう》する学問《がくもん》。＊3パピルス…水辺《みずべ》に生《は》えるカヤツリグサ科《か》の植物《しょくぶつ》。また、そのくきのせんいから作《つく》った紙《かみ》のようなもの。古代《こだい》エジプトで、文字《もじ》を書《か》くのに使《つか》われた。＊4たてごと…ハープなどのように、たてにはった弦《げん》を指《ゆび》ではじいてひく楽器《がっき》。

重《おも》たい書物《しょもつ》を侍女《じじょ》に広《ひろ》げてもらい、クレオパトラは薬《くすり》になる植物《しょくぶつ》の種類《しゅるい》や、毒《どく》をもつ動物《どうぶつ》について、小《ちい》さな声《こえ》で読《よ》みあげました。

（薬《くすり》になる植物《しょくぶつ》って、こんなにたくさんあるのね。ほして、にだしたり、実《み》をつぶしたり、作《つく》り方《かた》もいろいろ。おもしろいこと！）

知《し》れば知《し》るほど、わくわくします。

クレオパトラは、天文学《てんもんがく》や、数学《すうがく》のむずかしい書物《しょもつ》を読《よ》むことも
ありました。
（まあ！　この大地《だいち》が、ほんとうは丸《まる》い形《かたち》なのは知《し》っていたけれど、
太陽《たいよう》や、わく星《せい》の動《うご》きが、こんなにふくざつなものなんて。びっ
くり！　それに円《えん》のまわりの長《なが》さも、計算《けいさん》できるのね。）
この時代《じだい》、エジプトでは学問《がくもん》が進《すす》んでいて、さまざまなことが、
研究《けんきゅう》されていたのでした。
図書館《としょかん》からの帰《かえ》り道《みち》は、いつも遠回《とおまわ》りして歩《ある》きます。
すぐ近《ちか》くには、*ムセイオンという、いろいろな学問《がくもん》の研究所《けんきゅうじょ》があ
り、いつも多《おお》くの学者《がくしゃ》が、むずかしそうな顔《かお》で出入《でい》りしています。
「この中《なか》で、学者《がくしゃ》が何十人《なんじゅうにん》、何百人《なんびゃくにん》も、議論《ぎろん》したり、書物《しょもつ》を書《か》いた

りしているのね……。」

クレオパトラは、うっとりと、ムセイオンをながめました。

「ええ、ここは世界一《せかいいち》の学問《がくもん》の都《みやこ》ですものね。」

と、侍女《じじょ》も、ほこらしそうにいいました。

石《いし》づくりの大通《おおどお》りの、はりだした屋根《やね》の下《した》をゆっくり歩《ある》くと、いろいろな国《くに》の人《ひと》びとと、すれちがいます。エジプト語《ご》、アラビア語《ご》など、さまざまな言葉《ことば》が耳《みみ》に入《はい》ってきます。

クレオパトラは、じっと聞《き》きいって、その意味《いみ》を考《かんが》え、ひびきを頭《あたま》にしっかりと入《い》れ、声《こえ》に出《だ》して、くりかえしました。

（わかったわ！　あの男《おとこ》の人《ひと》たちは、今年《ことし》のナイル川《がわ》の水《みず》の量《りょう》について、話《はな》しあっているのね。あっちの女《おんな》の人《ひと》たちは、次《つぎ》のおまつ

＊ムセイオン…学問研究所《がくもんけんきゅうじょ》。たくさんの学者《がくしゃ》がまねかれ、多《おお》くの研究《けんきゅう》をした。英語《えいご》のミュージアム（博物館《はくぶつかん》）の元《もと》となった言葉《ことば》。

りのしたくの話《はなし》ね。わかるって、おもしろい！）
こうして、かの女《じょ》は大人《おとな》になるまでに、七《なな》つもの言葉《ことば》を学《まな》んでいきました。

クレオパトラには、＊1姉《あね》と妹《いもうと》が一人《ひとり》ずつ、弟《おとうと》が二人《ふたり》いましたが、王宮《きゅう》の中《なか》のべつべつの館《やかた》でくらしていました。いっしょに遊《あそ》んだことなど、一度《いちど》もなく、儀式《ぎしき》やパーティーのときに顔《かお》を合《あ》わせるだけでした。

エジプト王家《おうけ》では古《ふる》くから、王妃《おうひ》は王《おう》のつまというよりも、女《おんな》の人《ひと》の王《おう》として、男《おとこ》の人《ひと》の王《おう》とともに政治《せいじ》をとりおこなっていました。

そのため、王女《おうじょ》も王子《おうじ》もきょうだいみな、王《おう》となれるよう、高《たか》い

＊1クレオパトラの家族《かぞく》について…クレオパトラの母《はは》については、クレオパトラが十二歳《さい》のころになくなったといわれている。＊2哲学《てつがく》…人生《じんせい》や世界《せかい》について、いちばんの元《もと》になるものを知《し》ろうとする学問《がくもん》。

教育《きょういく》を受《う》けていました。＊2哲学《てつがく》や、大《おお》ぜいの人《ひと》びとの前《まえ》で演説《えんぜつ》するためのレッスンもありました。

　クレオパトラは熱心《ねっしん》に勉強《べんきょう》し、いろいろなことをぐんぐん身《み》につけていきました。

「クレオパトラさまは、いいお声《こえ》をしていらっしゃいますな。まだ小《ちい》さいのに、話《はな》し方《かた》もすばらしくきれいだ。」

演説《えんぜつ》の練習《れんしゅう》をしていると、家庭教師《かていきょうし》がたびたびほめてくれました。

「気持《きも》ちのこめ方《かた》が、たいへんじょうずです。」

「ありがとう、先生《せんせい》。」

クレオパトラは、にっこりわらいました。

「わたしもそう思《おも》うよ、クレオパトラ。」

父王《ちちおう》が、とびらから顔《かお》をのぞかせました。

「お父《とう》さま！　ようこそ。」

クレオパトラが、ぱっと顔《かお》をかがやかせました。父王《ちちおう》は、たまにこうして、クレオパトラの勉強《べんきょう》ぶりを見《み》にくることがありました。

「クレオパトラ、おまえはかしこいし、これからますます美《うつく》しくなるだろうね。」

「わあ、うれしい！」

クレオパトラにとっては、やさしい、いい父《ちち》でしたが、アレクサンドリア市民《しみん》からのひょうばんは、よくありません。「笛《ふえ》ふき王《おう》」と、かげでからかわれていました。たびたびパーティーを開《ひら》いては、酒《さけ》によい、しゅみである笛《ふえ》ばかりふいていたからです。

「あははは～。さあ、みんなどんどん飲《の》みたまえ。食《た》べたまえ。楽《たの》しみたまえ。笛《ふえ》をきかせるぞ。」

赤《あか》い顔《かお》でふらふらしながら笛《ふえ》をふく父王《ちちおう》に、姉《あね》や妹《いもうと》は顔《かお》をしかめました。けれども、クレオパトラには、そんな父《ちち》の気持《きも》ちがわかる

ような気《き》がしました。

*ローマの力《ちから》がますます大《おお》きくなり、いつエジプトにせめこんでくるだろうか、という不安《ふあん》な時代《じだい》でした。戦争《せんそう》になって負《ま》けてしまったら、エジプトは、ローマの支配下《しはいか》におかれてしまいます。それをさけるために、父王《ちちおう》は長年《ながねん》ローマにたくさんのおくり物《もの》をし、きげんをとりつづけていました。

（お父《とう》さまは、そんなつらい気持《きも》ちをまぎらわすために、ああしてお酒《さけ》を飲《の》んでは笛《ふえ》をふいているのよ。）

クレオパトラは、そう、父王《ちちおう》を思《おも》いやるのでした。

*ローマ……このころ、地中海沿岸《ちちゅうかいえんがん》を中心《ちゅうしん》に、領土《りょうど》を拡大《かくだい》していた国《くに》。ローマ共和政《きょうわせい》のこと。

3

笛《ふえ》ふき王《おう》

クレオパトラが、十歳《さい》ごろのこと。「笛《ふえ》ふき王《おう》」に、アレクサンドリア市民《しみん》がいかりをばくはつさせました。

きっかけは、地中海《ちちゅうかい》にうかぶ島《しま》、キプロスが、ローマにせめいられたことでした。キプロスの王《おう》は、父王《ちちおう》の弟《おとうと》でしたが、ローマをおそれた父王《ちちおう》は、助《たす》けることができませんでした。そのあげく、キプロス王《おう》は自《じ》さつしてしまったのです。

「キプロス王《おう》を見《み》ごろしにしたな。」

「ローマに、たくさんの金貨《きんか》や宝物《たからもの》を送《おく》っているだろう！　元《もと》は、われわれがおさめた税《ぜい》*だぞ！　返《かえ》せ！」

「こんな王《おう》は、いらない！」

武器《ぶき》を持《も》った人《ひと》びとが、王宮《おうきゅう》におしよせます。

父王《ちちおう》はわずかの兵《へい》や家来《けらい》だけつれて、あわただしく船《ふね》に乗《の》り、地《ち》中海《ちゅうかい》をこえてローマへと、のがれていきました。

「お父《とう》さまのことは、わすれましょう！　あとのことは、わたしにまかせなさい。」

姉《あね》のベレニケがにんまりわらい、正式《せいしき》な手続《てつづ》きなしに、さっさと女王《じょおう》の座《ざ》についてしまいました。

（お父《とう》さまは、どうしているのかな……。ローマに、味方《みかた》になってくれる人《ひと》がたくさんいるといいけれど。）

＊税《ぜい》…税金《ぜいきん》。国《くに》が仕事《しごと》をするため、国民《こくみん》から集《あつ》めるお金《かね》。

クレオパトラは、気晴《きば》らしに馬《うま》に乗《の》り、広《ひろ》い王宮《おうきゅう》の庭《にわ》をかけまわりました。クレオパトラは乗馬《じょうば》が大《だい》すきでした。丘《おか》の上《うえ》に立《た》つと、地中海《ちちゅうかい》が見下《みお》ろせます。港《みなと》の入《い》り口《ぐち》には、アレクサンドリアのシンボルである、ファロスの灯台《とうだい》がそびえています。

(お父《とう》さま、ローマからこの明《あ》かりが見《み》えたらいいのにな。どうかごぶじで。)

クレオパトラのいのりが通《つう》じたのか、父王《ちちおう》は三年後《ねんご》、ローマの軍《ぐん》隊《たい》に守《まも》られてもどってきました。ローマでは、ポンペイウスという将軍《しょうぐん》の屋《や》しきにかくまってもらい、エジプトにもどるチャンスをうかがっていたのでした。

大《おお》ぜいのローマ兵《へい》が、港《みなと》のさんばしから、ザックザックと足音高《あしおとたか》く王宮《おうきゅう》に入《はい》ってきます。

父王《ちちおう》につきしたがっている*騎兵隊長《きへいたいちょう》は、せが高《たか》くたくましい男《おとこ》の人《ひと》でした。まどから見下《みお》ろしていたクレオパトラと目《め》が合《あ》うと、白《しろ》い歯《は》を見《み》せて、にっこりとほほえんでくれました。

*騎兵《きへい》…馬《うま》に乗《の》ってたたかう兵士《へいし》。

（ローマ兵《へい》って、思《おも》っていたより、らんぼうじゃないみたい……。）

姉《あね》のベレニケはとらえられ、父王《ちちおう》はふたたび王《おう》の座《ざ》につきました。

「お父《とう》さま、お帰《かえ》りなさいませ！」

クレオパトラは、父王《ちちおう》にかけよりました。

「おお、クレオパトラか！　勉強《べんきょう》はしているかい？」

「ええ、もちろんよ、お父《とう》さま。」

「よし、おまえになら、次《つぎ》の女王《じょおう》をまかせられるな。いいか、ローマとたたかっては、いけないよ。それがエジプトを守《まも》る道《みち》なんだ。」

妹《いもうと》や弟《おとうと》たちは、そんな父《ちち》とクレオパトラのようすを、けわしい目《め》で見《み》つめていました。

父王《ちちおう》、プトレマイオス十二世《せい》は、四年後《ねんご》になくなりました。

次《つぎ》の女王《じょおう》は、十八歳《さい》のクレオパトラ。そして、プトレマイオス十三世《せい》を名乗《なの》り、いっしょに国《くに》をおさめることになったのは、弟《おとうと》のテオスでした。

テオスはまだ十歳《さい》、王《おう》のかんむりが、重《おも》そうです。

「暑《あつ》いよう。もう、あきたよう。」

儀式《ぎしき》のときでも、もじもじと落《お》ちつかない弟王《おとうとおう》を、家来《けらい》たちが、

「しばらく、しんぼうしてください」となだめます。

（テオスったら、王《おう》がつとまるのかしら。わたしがしっかりしなくては！）

クレオパトラは、気持《きも》ちをふるいたたせるのでした。

4

◇◇◇◇◇◇◇◇

わかい女王《じょおう》

「いよいよ、儀式《ぎしき》ね！」

クレオパトラは、ナイル川《がわ》をさかのぼる船《ふね》の上《うえ》で、うつりかわるけしきをうっとりとながめました。川《かわ》ぞいには緑《みどり》の畑《はたけ》や林《はやし》が広《ひろ》がっています。

船《ふね》は、エジプトの*1聖地《せいち》の一《ひと》つである*2テーベに、向《む》かっていました。九百キロメートルをこえる旅《たび》です。

エジプトの人《ひと》びとが信《しん》こうする、聖《せい》なる牛《うし》ブキスの儀式《ぎしき》に出席《しゅっせき》するためです。三百年近《ねんちか》くつづくプトレマイオスの王族《おうぞく》としては、はじめてのことでした。

あとから、家来《けらい》や*3神官《しんかん》を乗《の》せた、何《なん》そうもの船《ふね》がつづいています。

「クレオパトラさま、船室《せんしつ》に入《はい》らなくて、よろしゅうございますか。日《ひ》ざしが強《つよ》いので。」

侍女《じじょ》が声《こえ》をかけてきました。

*1聖地《せいち》…宗教上《しゅうきょうじょう》、きよらかでとうといとされる土地《とち》。*2テーベ…ナイル川中流《がわちゅうりゅう》にある、古代《こだい》エジプトの都市《とし》。*3神官《しんかん》…神《かみ》に仕《つか》えるつとめを行《おこな》う人《ひと》。

「ええ、だいじょうぶよ。それよりごらんなさい、このけしき！」

クレオパトラは、ナイル川《がわ》ぞいをどこまでもつづく、緑《みどり》こい＊1小麦《こむぎ》畑《ばたけ》を指《ゆび》さしました。その向《む》こうには、＊2ギーザの大《だい》ピラミッドが、どうどうとしたすがたを見《み》せています。

「これがナイル川《がわ》のめぐみなのね。」

ナイル川《がわ》は、毎年《まいとし》のように＊3こう水《ずい》となりますが、水《みず》が引《ひ》くと、あたりはたくさんの作物《さくもつ》が実《みの》る畑《はたけ》となるのです。

「この小麦《こむぎ》のおかげで、エジプトはゆたかでいられるのよ。ローマにもたくさん運《はこ》ばれているから、ローマ人《じん》はこの国《くに》の小麦《こむぎ》を食《た》べて生《い》きているってこと。だから、かんたんにはせめてこないわ。ナイル川《がわ》と、神《かみ》さま方《がた》と、農民《のうみん》たちに感《かん》しゃしなくてはね。」

川岸《かわぎし》では、ナイル川《がわ》ぞいに住《す》む人《ひと》びとや、神殿《しんでん》の神官《しんかん》たちが、船《ふね》を見送《みおく》っています。

「クレオパトラさま、ようこそ！」

「クレオパトラさま、ばんざーい！」

クレオパトラは、えがおで手《て》をあげました。

数日《すうじつ》の船旅《ふなたび》ののち、テーベに着《つ》くと、ここでもクレオパトラは大《だい》かんげいを受《う》けました。クレオパトラは、黒《くろ》かみのかつらをつけ、エジプトの王《おう》のしるしである、コブラとハゲワシの頭《あたま》かざりをつけて、儀式《ぎしき》に出席《しゅっせき》しました。

「なんと美《うつく》しい！」

「まさに、女神《めがみ》さまのおすがた、そのものだ！」

＊1小麦《こむぎ》…イネ科《か》の植物《しょくぶつ》。重要《じゅうよう》な作物《さくもつ》で、こなにしてパンやうどんなどを作《つく》る。＊2ギーザ…エジプト、ナイル川下流《がわかりゅう》の西岸《せいがん》にある都市《とし》。世界的《せかいてき》に有名《ゆうめい》な、クフ王《おう》のピラミッドや、スフィンクスがある。＊3こう水《ずい》…川《かわ》の水《みず》がふえて、岸《きし》からあふれでること。

「いつまでも、女王《じょおう》さまのおめぐみがありますように！」

クレオパトラが女王《じょおう》としてあいさつをすると、その美《うつく》しい声《こえ》や、思《おも》いやりのこもった言葉《ことば》、どうどうとしているのに、どこか親《した》しみやすい話《はな》し方《かた》に、人《ひと》びとはみな、ひきつけられるのでした。

（もっともっと、エジプトの神《かみ》さまたちへの信《しん》こうを、大切《たいせつ》にしていきましょう。）

そう思《おも》ったクレオパトラは、何度《なんど》もナイル川《がわ》をさかのぼって儀式《ぎしき》に出席《しゅっせき》したり、あちらこちらの神殿《しんでん》の修理《しゅうり》を行《おこな》ったりしました。

また、農作物《のうさくもつ》のできが悪《わる》かった年《とし》には、小麦《こむぎ》や野菜《やさい》が、うえた人《ひと》びとに行《い》きわたるよう、命令《めいれい》を出《だ》しました。

外国《がいこく》からつかいが来《き》たときには、その国《くに》の言葉《ことば》で話《はな》しあうことができました。

「ようこそ、エジプトへ。あなたの国《くに》のようすを、きかせてください。今年《ことし》の農作物《のうさくもつ》のできは、いかがですか。」

＊通訳《つうやく》なしで話《はな》ができる王族《おうぞく》は、クレオパトラが、はじめてでした。

＊通訳《つうやく》…話《はな》す言葉《ことば》のちがう両者《りょうしゃ》の間《あいだ》に入《はい》って、相手《あいて》にわかる言葉《ことば》に直《なお》すこと。また、それをする人《ひと》。

外国《がいこく》の使者《ししゃ》はみな、「なんてかしこい女王《じょおう》さまだ！」と感心《かんしん》しました。

エジプトの人《ひと》びとや、まわりの国《くに》ぐにの間《あいだ》で、クレオパトラの人《にん》気《き》は高《たか》まるばかりでした。

しかし、弟王《おとうとおう》とかれを取《と》りまく＊1高官《こうかん》たちは、それをにがにがしく感《かん》じていました。

「クレオパトラのやつ、なんでも自分《じぶん》で決《き》めて！ ぼくが王《おう》なのに。」

「そうですとも、王《おう》さま。でも、まあ、お待《ま》ちなさい。近《ちか》いうちに、あの女王《じょおう》の時代《じだい》を終《お》わらせましょう。」

高官《こうかん》たちは、にやりとわらいをもらしました。

そのころ、ローマでは、力《ちから》の強《つよ》い政治家《せいじか》たちがあらそって、たびたび戦争《せんそう》を起《お》こしていました。

父王《ちちおう》がローマにのがれたときに、かくまってくれたポンペイウスも、その一人《ひとり》でした。かれは、*2英雄《えいゆう》といわれたカエサルとあらそっていましたが、なかなか決着《けっちゃく》がつかず、エジプトに助《たす》けをもとめてきました。

(今度《こんど》は、こちらが助《たす》けてあげる番《ばん》だわ。)

クレオパトラは、食料《しょくりょう》や兵隊《へいたい》をのせた船《ふね》を、ポンペイウスの元《もと》へおくりだしました。これを知《し》ったアレクサンドリア市民《しみん》は、いかりをあらわにしました。

「われわれの食料《しょくりょう》を、ローマに回《まわ》すな!」

「ローマ人《じん》にぺこぺこする女王《じょおう》は、いらない!」

武器《ぶき》を持《も》ったアレクサンドリア市民《しみん》が、またしても、王宮《おうきゅう》におし

*1高官《こうかん》…国《くに》の役職《やくしょく》についていて、高《たか》い地位《ちい》の人《ひと》。*2英雄《えいゆう》…すぐれたちえや勇気《ゆうき》をもって、ふつうの人《ひと》にはできない、りっぱなことをなしとげた人《ひと》。

よせてきました。その先頭《せんとう》に立《た》ってつるぎをふりまわし、「女王《じょおう》をたおせ！」とさけんでいるのは、弟王《おとうとおう》テオスの家来《けらい》です。

「テオスったら、なんてことを！」

クレオパトラは、いかりにふるえました。

「女王《じょおう》さま、ここはひとまず、にげましょう！」

クレオパトラと家来《けらい》たちは、王宮《おうきゅう》のぬけ道《みち》を通《とお》り、小《ちい》さな舟《ふね》でナイル川《がわ》を上《のぼ》って、のがれていきました。

5

カエサルとの出会《であ》い

むっとする熱気《ねっき》が、テントの中《なか》にみちています。侍女《じじょ》が大《おお》きなおうぎであおいでくれますが、クレオパトラのひたいから、あせが流《なが》れおちます。

アレクサンドリアから遠《とお》くはなれた砂《さ》ばくで、クレオパトラは、都《みやこ》へ帰《かえ》れる機会《きかい》をうかがっていました。

この一年《ねん》というもの、クレオパトラの命《いのち》をねらう弟王《おとうとおう》の軍隊《ぐんたい》から、にげまわる日《ひ》びでした。

十八歳《さい》で女王《じょおう》となり、きらびやかな王宮《おうきゅう》でいそがしく政治《せいじ》を行《おこな》ってきたというのに、二十一歳《さい》の今《いま》は、砂《さ》ばくの中《なか》にはられたテントで、不自由《ふじゆう》なくらしにたえているのでした。

（ああ、国《くに》の政治《せいじ》は、うまくいっているのかしら。弟王《おとうとおう》は、外国《がいこく》の使者《ししゃ》の話《はなし》を、ちゃんと聞《き》いているかしら……。）

クレオパトラの心配《しんぱい》は、つきません。

「ほんとうに、いつになったら王宮《おうきゅう》にもどれるのでしょう。おいた*わしい女王《じょおう》さま……。」

なみだぐむ侍女《じじょ》を、クレオパトラがなだめます。

「きぼうをすてては、だめよ。チャンスを待《ま》ちましょう。」

「クレオパトラさま、お知《し》らせすることが！」

アレクサンドリアのようすをさぐらせていた家来《けらい》が、かけこんできました。

「ローマの将軍《しょうぐん》ポンペイウスさまが、カエサル将軍《しょうぐん》との戦争《せんそう》に負《ま》けて、アレクサンドリアに、にげこんできたそうです。」

カエサルは、まわりの国《くに》ぐにを次《つぎ》つぎにせめおとしている、強《つよ》い将軍《しょうぐん》でした。

「ポンペイウスさまが？　弟王《おとうとおう》は、かれをかくまったの？」

「いいえ、それが――ポンペイウスさまは、王《おう》さまの命令《めいれい》でころされました。ポンペイウスさまをかくまうと、カエサル将軍《しょうぐん》をおこ

＊いたわしい…気《き》のどくである。かわいそうである。

らせるし、追《お》いかえすと、今度《こんど》はポンペイウスさまの仕返《しかえ》しが、
こわい、と。」
「なんてことを！　お父《とう》さまの恩人《おんじん》[*1]なのに。それで、カエサル軍《ぐん》は、
アレクサンドリアにやってきたの？」
「はい、すでに港《みなと》に着《つ》いたころかと――。」
クレオパトラは、さっと立《た》ちあがりました。
「すぐに帰《かえ》りましょう、アレクサンドリアへ。カエサルという将軍《しょうぐん》
に会《あ》いましょう。」
クレオパトラは、砂《さ》ばくのかなたを見《み》つめました。
（ローマをてきに回《まわ》してはだめ。でも、完全《かんぜん》にいいなりになっても
だめ。弟王《おとうとおう》と、その取《と》りまき[*2]の高官《こうかん》たちには、まかせられない。

＊1恩人《おんじん》…力《ちから》になってくれた人《ひと》。世話《せわ》になった人《ひと》。＊2取《と》りまき…金《かね》や力《ちから》のある人《ひと》のそばにいて、きげんを取《と》ってとくをしようとする人《ひと》。

自分《じぶん》たちがとくすることしか考《かんが》えていないんだもの。弟《おとうと》はまだ十三歳《さい》だし、なんとしてもわたしが女王《じょおう》の座《ざ》にもどらなければ。）

クレオパトラたちは、弟王《おとうとおう》の軍隊《ぐんたい》に出《で》くわさないよう、大《おお》きく回《まわ》り道《みち》をして、アレクサンドリアに近《ちか》づきました。

「クレオパトラさま、新《あたら》しい知《し》らせです！」

家来《けらい》が馬《うま》でかけてきました。

「王宮《おうきゅう》に入《はい》ったカエサル将軍《しょうぐん》は、ポンペイウスさまがころされたことを知《し》ると、声《こえ》を上《あ》げてなき、それから、

いかりをあらわにしたそうです。ポンペイウスは、てきとはいえ、りっぱな男《おとこ》で、こんなふうにころされるべきではなかった、と。」

「まあ、そうなの！　弟《おとうと》たちは、カエサルをおこらせたのね。」

「王《おう》さまは、それから王宮《おうきゅう》にとじこもったまま、カエサルさまと話《はなし》をしていないそうです。」

クレオパトラは、小《ちい》さくうなずきました。

（カエサルって、思《おも》っていたよりすじ道《みち》を通《とお》す、*正《せい》せいどうどうとした人《ひと》なのかもしれない。）

クレオパトラは、日《ひ》がくれてから王宮《おうきゅう》に近《ちか》づき、小《ちい》さくそまつな舟《ふね》に乗《の》り、王宮《おうきゅう》のすみの船着《ふなつ》き場《ば》からひそかに陸《りく》に上《あ》がりました。

弟《おとうと》の兵士《へいし》に見《み》つかったら、おしまいです。

クレオパトラは、細長《ほそなが》いあさのふくろの中《なか》に、すっぽりとかくれていました。家来《けらい》がそのふくろをかついで王宮《おうきゅう》に入《はい》っていくと、カエサルの家来《けらい》によびとめられました。

「おい、その荷物《にもつ》はなんだ？」

「はい、カエサルさまへのおとどけ物《もの》です。」

「よし、通《とお》れ。」

家来《けらい》の歩《あゆ》みとともに、クレオパトラの体《からだ》が暗《くら》いふくろの中《なか》で、上下《じょうげ》にゆれます。心《しん》ぞうが、どきどきと音《おと》を立《た》てています。

（わたしがすがたをあらわしたとたん、あやしい者《もの》と思《おも》われて、カエサルがつるぎをぬいてきたら、どうしよう。あるいは、弟王《おとうとおう》に引《ひ》きわたされたら？　いいえ、カエサルはおそらく、そんな人《ひと》で

＊正《せい》せいどうどう…行《おこな》いやたいどが正《ただ》しくて、りっぱなようす。

はない。だいじょうぶ、わたしはエジプトの正当《せいとう》な女王《じょおう》。おそれることはないわ。）

ふくろのゆれが止《と》まりました。

「中身《なかみ》はなんだ？　だれからのとどけ物《もの》だね？」

落《お》ちついた男《おとこ》の人《ひと》の声《こえ》、カエサルのようです。

「中身《なかみ》と、とどけ主《ぬし》は、ごらんになればわかります。」

家来《けらい》の声《こえ》がして、ゆかにそっと下《お》ろされたのがわかりました。クレオパトラはふくろの口《くち》を手《て》でさぐり、するするとぬけでて、立《た》ちあがりました。

小《こ》がらでほっそりした体《からだ》にまとった細身《ほそみ》のドレスのすそや、ひたいにまいた、女王《じょおう》のあかしの白《しろ》いリボンをすばやく整《ととの》えます。

まぶしいランプの明《あ》かりに目《め》をぱちぱちさせながら、クレオパトラはまっすぐに顔《かお》を上《あ》げました。

（落《お》ちついて……どうどうとむねをはって、でもえがおをわすれず。ていねいに心《こころ》をこめて話《はな》す。だいじょうぶ、できるわ。）

クレオパトラは、そう自分《じぶん》にいいきかせました。

かの女《じょ》のよく通《とお》る、力強《ちからづよ》い、しかもやわらかい声《こえ》が、ひびきました。

「カエサルさまですね。ようこそ、アレクサンドリアへ。わたしがエジプト女王《じょおう》、クレオパトラです。」

その男《おとこ》の人《ひと》は、「おお」と声《こえ》をもらしました。

「これはおどろいた……。よくぞ、王《おう》の軍隊《ぐんたい》に見《み》つからずに、ここまでやってこられたものです。そう、わたしがカエサルです。はじめまして、かしこく勇気《ゆうき》のある、エジプト女王《じょおう》クレオパトラさま。」

「お目《め》にかかれて光栄《こうえい》*です。今夜《こんや》は、いろいろとお話《はな》ししたいことがあります……。」

そのばんおそくまで、クレオパトラはカエサルに、エジプト国内《こくない》のようすや、これまでのローマとのかかわり、女王《じょおう》としてこの国《くに》を守《まも》りたいという思《おも》いなどを語《かた》りました。

ランプの明《あ》かりは、朝日《あさひ》がのぼるまで消《き》えることはありませんでした。

*光栄《こうえい》…自分《じぶん》の力《ちから》などがみとめられ、とても名《めい》よに思《おも》うこと。

6

アレクサンドリア戦争《せんそう》

「なんだって、ぼくがわざわざ、カエサルに会《あ》いに行《い》かなくちゃ、いけないんだ。ぼくは王《おう》だぞ。」

とびらの外《そと》から、弟王《おとうとおう》のテオスのわめき声《ごえ》が聞《き》こえます。

カエサルが、よびつけたのです。

クレオパトラは、カエサルにならんで立《た》ち、弟王《おとうとおう》をむかえました。

「ひさしぶりね、テオス。」

「姉上《あねうえ》？　なぜ、ここに？」

弟王《おとうとおう》が、真《ま》っ青《さお》になりました。

カエサルが、うすいほほえみをうかべ、ひくい声《こえ》でいいました。

「女王《じょおう》は、さく夜《や》、王宮《おうきゅう》に帰《かえ》ってこられた。たいそうエジプトの未来《みらい》を心配《しんぱい》しておられる。この国《くに》は、前《まえ》の王《おう》のゆいごん＊1により、あなたと、クレオパトラ女王《じょおう》との共同《きょうどう》で政治《せいじ》を行《おこな》うこととなっていたはずですな。＊2友好国《ゆうこうこく》ローマの将軍《しょうぐん》として、その形《かたち》にすみやかに、もどす

＊1ゆいごん…死《し》んだあとのために、いいのこすこと。また、その言《こと》葉《ば》。　＊2友好国《ゆうこうこく》…親《した》しい交《まじ》わりをする国《くに》。

ことをもとめる。」

「な、なんだって？　いやだ、そんなのいやだあ！」

弟王《おとうとおう》は部屋《へや》から走《はし》りでて、門《もん》をぬけました。家来《けらい》たちがあわてて、あとを追《お》います。弟王《おとうとおう》は、行《い》き来《き》する人《ひと》なみの中《なか》で、わあわあなきくずれました。

「王《おう》さま、こうなったら、たたかいましょう！」

弟王《おとうとおう》の家来《けらい》たちが、つるぎをかかげました。

しかし、弟王《おとうとおう》の軍隊《ぐんたい》が動《うご》きだすよりも早《はや》く、たたかいを始《はじ》めた者《もの》たちがいました。ほこり高《たか》いアレクサンドリアの市民《しみん》です。エジプトにカエサルの軍隊《ぐんたい》が入《はい》ってきたことに、がまんできません。

「ローマの軍隊《ぐんたい》は、帰《かえ》れ！」

何千人《なんぜんにん》もの人《ひと》びとが、港《みなと》にひしめきました。港《みなと》にうかぶローマ軍《ぐん》の船《ふね》に向《む》かって、矢《や》を放《はな》ち、*石投《いしな》げ機《き》で石《いし》をとばします。ローマ軍《ぐん》も、雨《あめ》のように矢《や》を放《はな》ってきます。

（なんでこんなことに……。ローマ軍《ぐん》とたたかっては、だめよ！）

クレオパトラはカエサルと話《はな》しあい、戦争《せんそう》をなんとか終《お》わらせようとしました。

しかし、弟王《おとうとおう》の家来《けらい》の軍《ぐん》がくわわり、たたかいは何日《なんにち》もつづきました。

火《ひ》のついた矢《や》がとびかいます。ローマの船《ふね》がもえ、さらにアレクサンドリアの町《まち》のあちこちも、もえていきます。

「ああっ！　図書館《としょかん》が！」

*石投《いしな》げ機《き》…古代《こだい》のたたかいで使《つか》われた投石用《とうせきよう》の武器《ぶき》。

アレクサンドリア図書館《としょかん》のまどから、火《ひ》がふきでています。

「本《ほん》がもえているわ！　世界《せかい》じゅうから集《あつ》めた、アレクサンドリアの宝《たから》なのに！」

クレオパトラの大《おお》きな目《め》から、なみだがこぼれおちました。

（戦争《せんそう》はだめ……。何《なに》も、のこさないわ。）

このアレクサンドリア戦争《せんそう》は、半年《はんとし》もつづきました。そのうちに、ローマ軍《ぐん》が少《すこ》しずつ、いきおいをましていきました。

やがて、弟王《おとうとおう》の戦死《せんし》の知《し》らせがとどきました。弟王《おとうとおう》は、たたかいのさいちゅうに*運河《うんが》に落《お》ちたとのことでした。弟王《おとうとおう》の、重《おも》い黄金《おうごん》のよろいだけが見《み》つかりました。

春《はる》。戦争《せんそう》はローマ軍《ぐん》の勝利《しょうり》で終《お》わり、アレクサンドリアに平和《へいわ》がもどりました。アレクサンドリア市民《しみん》は、長《なが》いたたかいにつかれきっていたので、おだやかな毎日《まいにち》にもどったことをよろこびました。

クレオパトラは、あらためて女王《じょおう》の座《ざ》につき、下《した》の弟《おとうと》のプトレマイオス十四世《せい》といっしょに政治《せいじ》を行《おこな》うことになりました。

「ごらんください、あれがギーザの大《だい》ピラミッドですよ。」

*運河《うんが》…船《ふね》を通《とお》したり、畑《はた》に水《みず》を運《はこ》んだりするために陸地《りくち》をほってつくられた水路《すいろ》。

クレオパトラが、指《ゆび》さしました。

「すばらしい！　ファロスの灯台《とうだい》といい、ピラミッドといい、あなたの国《くに》の技術《ぎじゅつ》や民《たみ》の力《ちから》は、たいしたものだな。」

カエサルは、うつりかわるけしきに、すっかり目《め》をうばわれています。

「それに、緑《みどり》の畑《はたけ》の、なんと広《ひろ》いこと！　これがエジプトの国《くに》をささえているんだね。」

二人《ふたり》は、宮殿《きゅうでん》のようにかざりたてた王家《おうけ》の船《ふね》で、ナイル川《がわ》をさかのぼる旅《たび》に出《で》ていました。二人《ふたり》は、長《なが》びいた戦争《せんそう》の間《あいだ》に、すっかり親《した》しくなっていました。

（エジプトのゆたかさと力《ちから》を、カエサルに、よく知《し》ってもらわなくては。この国《くに》が、かんたんにはローマの手《て》には落《お》ちないことを、感《かん》じてもらうのよ。)

何週間《なんしゅうかん》にもわたって、エジプトの聖地《せいち》や神殿《しんでん》をめぐって旅《たび》をしたあと、カエサルはふたたび地中海《ちちゅうかい》に出《で》て、外国《がいこく》とのたたかいへ、もどっていきました。

しかし、そのころには、クレオパトラのおなかには、カエサルとの赤《あか》ちゃんが宿《やど》っていました。

カエサルが去《さ》ってしばらくのち、ローマの英雄《えいゆう》カエサルと、エジプトのプトレマイオス王朝《おうちょう》の女王《じょおう》クレオパトラとのむすこ、カエサリオンがたん生《じょう》したのです。

＊手《て》に落《お》ちる……支配《しはい》される。

7 ローマの町《まち》で

「カエサル将軍《しょうぐん》、ばんざーい！」

ローマじゅうの人《ひと》びとが広場《ひろば》に集《あつ》まり、かん声《せい》を上《あ》げています。

勇者《ゆうしゃ》のあかしである、*1月《げっ》けい樹《じゅ》のかんむりをつけたカエサルが、どうどうとしたすがたをあらわし、かた手《て》をあげて、かん声《せい》にこたえました。

クレオパトラは、一歳《さい》のカエサリオンをだきしめ、ささやきました。

「あのりっぱな男《おとこ》の人《ひと》が、あなたのお父《とう》さまよ。」

＊1月《げっ》けい樹《じゅ》…クスノキ科《か》の木《き》。古代《こだい》より聖《せい》なる木《き》とされていた。＊2がいせん式《しき》…戦争《せんそう》に勝《か》ったことを記念《きねん》し、町《まち》を行進《こうしん》する式典《しきてん》。

この日《ひ》は、カエサルがいくつもの戦争《せんそう》に勝《か》ってもどってきたことをいわう、*2がいせん式《しき》でした。クレオパトラは、カエサルにまねかれて、カエサリオンとともにやってきたのでした。

一だん高《たか》い席《せき》でほほえむ、ドレスを黄金《おうごん》でかざりたてた、わかく美《うつく》しいクレオパトラと、そのひざにいるカエサルそっくりの子《こ》どもを目《め》にして、ローマの人《ひと》びとがさわぎだします。

「あれがエジプトの女王《じょおう》か！」

「カエサルは、あの女《おんな》のせいで、エジプトからなかなか帰《かえ》ってこなかったのだな。」

そんな声《こえ》を聞《き》いて、クレオパトラは、くちびるをかみしめました。

（わたしは、ローマ市民《しみん》から、かんげいされてはいないのね……。

ざんねんだけれど、しかたがないわ。）

クレオパトラがすごすことになった所《ところ》は、町《まち》からはなれた丘《おか》にある、カエサルの別《べっ》そうでした。町中《まちなか》の屋《や》しきをおとずれることは、できません。カエサルには、ローマに、つまがいたためでした。

それでも、クレオパトラはローマにとどまることにしました。

（エジプトのためには、ローマとのむすびつきを強《つよ》くしたほうが安《あん》全《ぜん》だもの。その仲立《なかだ》ちをするのが、この子《こ》、カエサリオンだわ。カエサルにはむすこがいないから、この子《こ》がカエサルのあとつぎ*1になるかもしれない。この子《こ》のことを、ローマの人《ひと》たちに知《し》ってもらったほうがいいわ。

それに、できるだけたくさん、カエサリオンを父親《ちちおや》に会《あ》わせたいし――わたしも会《あ》いたいもの。)

クレオパトラは、侍女《じじょ》や兵士《へいし》とともに、*2こしに乗《の》って町《まち》に出《で》かけることもありましたが、いつもがっかりして帰《かえ》ってきました。

「あれが、あのエジプトの……。」

と、指《ゆび》をさされてばかりなのです。それに、美《うつく》しいけしきや、りっぱな建物《たてもの》は、いくらもありません。そのころのローマの町《まち》は、まだ

*1あとつぎ……財産《ざいさん》や仕事《しごと》を受《う》けつぐ人《ひと》。　*2こし……人《ひと》を乗《の》せ、かたでかついだり手《て》に持《も》ったりして、何人《なんにん》かで運《はこ》ぶ乗《の》り物《もの》。

まだ*1発《はっ》てんとちゅうでした。

クレオパトラは、つい、侍女《じじょ》にこぼします。

「ローマって、こんな所《ところ》だったのね……。町《まち》はごちゃごちゃしているし、そうぞうしいし。」

「まあまあ、クレオパトラさま。アレクサンドリアは世界一《せかいいち》の町《まち》ですもの、くらべてもしかたありませんわ。」

「でもねえ、わたしがまんできないのは、ローマの女《おんな》の人《ひと》たちを、町中《まちなか》であまり見《み》かけないことよ。カエサルにきいたら、女《おんな》の人《ひと》は、家《いえ》の中《なか》でおとなしくしているものらしいわ。」

エジプトの女《おんな》の人《ひと》たちは、勉強《べんきょう》し、外《そと》に出《で》てはたらき、楽器《がっき》をかなで、色《いろ》あざやかなドレスをまとい、けしょうをして町《まち》を歩《ある》いてい

＊1発《はっ》てん…さかえていくこと。＊2かごの鳥《とり》…かごの中《なか》の鳥《とり》が外《そと》に出《で》られないように、行動《こうどう》の自由《じゆう》がないこと。

ます。ローマでは、そんな女《おんな》の人《ひと》を見《み》かけることはありません。まして、女《おんな》の人《ひと》が政治《せいじ》や学問《がくもん》の話《はなし》をしたり、権力《けんりょく》や財産《ざいさん》をもったりすることもありません。

「まるで、*2かごの鳥《とり》ね。だからよけいに、わたしのように女王《じょおう》として生《い》きている者《もの》は、悪《わる》くいわれてしまうのかしら。」

「ほんとうにそうですわね、クレオパトラさま。アレクサンドリアは、女《おんな》の人《ひと》にも住《す》みやすい町《まち》ですわ。」

カエサルがつれてきた客《きゃく》たちは、クレ

オパトラと話《はなし》をすると、みな、おどろきました。クレオパトラは頭《あたま》の回転《かいてん》が速《はや》く、政治《せいじ》のことも歴史《れきし》や科学《かがく》や文学《ぶんがく》のことも、なんでもよく知《し》っていたので、話《はなし》がもりあがるのです。

それに、クレオパトラはわかく美《うつく》しく、しぐさや、わらい方《かた》がゆうがで、いっしょにいる人《ひと》をひきつける力《ちから》がありました。カエサルの客《きゃく》たちはみな、こんな女性《じょせい》がいるのかと、おどろくのでした。

（わたしがここにいる間《あいだ》に、できるだけエジプトにいい印象《いんしょう》をもってもらわなくては。幸《さいわ》い、エジプトでは、心配《しんぱい》なできごとはないようだし。

カエサリオンがもう少《すこ》し大《おお》きくなるまで、カエサルの元《もと》にいることにしましょう。）

しかし、クレオパトラがローマにやってきてしばらくたったころ、とんでもないことが起《お》こりました。カエサルが死《し》んだのです。

カエサルは、そのころローマで、もっとも権力《けんりょく》がありました。それをねたんだ何人《なんにん》かの政治家《せいじか》たちにより、暗《あん》さつされたのでした。

知《し》らせを受《う》けたクレオパトラは、真《ま》っ青《さお》になり、カエサリオンをだきしめました。

「カエサリオン！　お父《とう》さまが死《し》んでしまったの！　ああ、なんということに……。」

けれども、クレオパトラには、悲《かな》しみにひたる時間《じかん》は、ありませんでした。

　カエサルのいない今《いま》、ローマで守《まも》ってくれる人《ひと》は、いません。それに、カエサルがのこしていた言葉《ことば》には、あとつぎは親《しん》せきの青年《せいねん》であるオクタウィアヌスと指名《しめい》されていました。

　クレオパトラは、あわただしくローマをはなれ、地中海《ちちゅうかい》をわたりました。

（カエサル！　ほこり高《たか》い英雄《えいゆう》だったあなたが、あんなふうに死《し》ん

でしまうなんて……。)

ファロスの灯台《とうだい》が見《み》えてきました。

(ここで、女王《じょおう》としてのつとめをはたしましょう。カエサリオンを育《そだ》て、これまでどおりローマとうまくやり、国民《こくみん》がゆたかにくらせるように……。)

深《ふか》い青《あお》い空《そら》とかがやく海《うみ》、アレクサンドリアの活気《かっき》が、クレオパトラの悲《かな》しみをいやしてくれました。

8

ローマの権力《けんりょく》あらそい

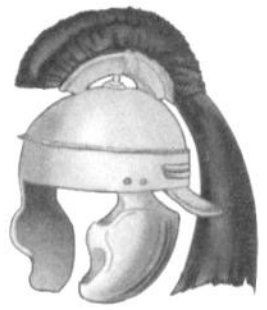

帰国《きこく》してまもなく、弟王《おとうとおう》がなくなりました。クレオパトラは、三歳《さい》のカエサリオンをプトレマイオス十五世《せい》として王座《おうざ》につけ、ふたたび女王《じょおう》としての仕事《しごと》をこなすようになりました。

「きのうは、儀式《ぎしき》。今日《きょう》は、となりの国《くに》の使者《ししゃ》をむかえての、パーティーね。毎日《まいにち》、いそがしいこと！」

クレオパトラの日《ひ》びは、とぶようにすぎていきました。

国内《こくない》のもめごとをさばき、大臣《だいじん》たちと話《はな》しあい、こく物《もつ》や野菜《やさい》のできをチェックするという仕事《しごと》もありました。

さらに、哲学《てつがく》の学校《がっこう》をつくったり、医学《いがく》や薬《くすり》や美容《びよう》の研究者《けんきゅうしゃ》を助《たす》けたりもしました。

アレクサンドリアは学問《がくもん》や文化《ぶんか》の町《まち》、おしゃれでにぎやかな町《まち》として、ますます、さかんになっていきました。

あいかわらず気《き》がかりなのは、ローマのようすでした。カエサルなきあと、何人《なんにん》もの軍人《ぐんじん》があらそい、戦争《せんそう》がたえません。

(ローマのだれかが、助《たす》けをもとめてくるのではないかしら……。)

クレオパトラの心配《しんぱい》は当《あ》たりました。力《ちから》の強《つよ》い軍人《ぐんじん》が何人《なんにん》も手紙《てがみ》を送《おく》りつけ、お金《かね》や船《ふね》や兵士《へいし》をよこしてくれ、といってきたのです。

(こまったわ……エジプトの安全《あんぜん》のためには、ローマに協力《きょうりょく》したほうがいいけれど、だれの味方《みかた》をすべきか、落《お》ちついて考《かんが》えなくては。エジプトのてきとならない人《ひと》で、強《つよ》い人《ひと》はだれだろう。）

クレオパトラがようすをうかがっているうちに、ローマの軍人《ぐんじん》たちは、次《つぎ》つぎに戦場《せんじょう》でたおれていき、三人《にん》の将軍《しょうぐん》がのこりました。一人《ひとり》はカエサルの暗《あん》さつ者《しゃ》の一人《ひとり》といわれていた男《おとこ》で、それに対《たい》するのはアントニウスとオクタウィアヌスの＊1連合軍《れんごうぐん》です。

アントニウスは、カエサルの信《しん》らいしていた家来《けらい》であり、オクタウィアヌスは、カエサルのあとつぎとなった青年《せいねん》です。

（オクタウィアヌスは、細身《ほそみ》で＊2神《しん》けいしつそうな人《ひと》だったわね。つめたいといううわさは、ほんとうらしい。アントニウスは、よくカエサルにつきしたがっていた、明《あか》るくて元気《げんき》いっぱいの男《おとこ》の人《ひと》ね。そう、かれとは、わたしが子《こ》どものころにも一度《いちど》、出会《であ》って

＊1連合軍《れんごうぐん》…二《ふた》つ以上《いじょう》のそしきでできた軍隊《ぐんたい》。＊2神《しん》けいしつ…物事《ものごと》を感《かん》じやすく、わずかなこともひどく気《き》にするせいしつ。

いたっけ。）

ローマにのがれた父王《ちちおう》がエジプトに帰《かえ》ってくるときに、父王《ちちおう》を守《まも》っていた騎兵隊《きへいたい》長《ちょう》が、かれだったのです。まどごしにわらいかけてきた、陽気《ようき》そうな兵士《へいし》のすがたを、クレオパトラはわすれていませんでした。

（この人《ひと》なら、エジプトを守《まも》ってくれるかもしれない。）

クレオパトラは、オクタウィアヌスとアントニウスの連合軍《れんごうぐん》に味方《みかた》をすることにし、軍《ぐん》かんを出《だ》しました。けれども、あらしで海《うみ》があれて、船《ふね》がひっくりかえり、助《たす》けがとどくことはありませんでした。

それでも、この二人《ふたり》の連合軍《れんごうぐん》は、てきに勝《か》ったのでした。


しばらくして、そのアントニウスが、クレオパトラに手紙《てがみ》をよこしました。

「『*タルソスまで来《く》るように』ですって？」

クレオパトラは、顔《かお》をしかめました。

「タルソスは、地中海《ちちゅうかい》の北《きた》の港《みなと》でしたね。なぜ、そんなことをいってきたのです？」

侍女《じじょ》がたずねると、クレオパトラは、にがわらいをしました。

「わたしが、かれとオクタウィアヌスの連合軍《れんごうぐん》を助《たす》けられなかったことを、せめたいのよ、きっと。」

「あれは、あらしのせいですのに？」

「ほんとうのところは、あらためて、お金《かね》を出《だ》して助《たす》けてくれ、ということでしょうね。」

「それで、お出《で》かけになるのですか。」

「一国《いっこく》の女王《じょおう》は、ふつうは会《あ》いにいかないわ。でも──そうね。うふふ。船《ふね》を用意《ようい》して。タルソスに出《で》かけましょう。おどろかせてやるわ。」

クレオパトラは楽《たの》しそうに、船《ふね》につみこむ物《もの》について、次《つぎ》つぎに命令《めいれい》を出《だ》していきました。

＊タルソス…今《いま》のトルコの南部《なんぶ》にある都市《とし》。現在《げんざい》の都市名《としめい》はタルスス。

9

女王《じょおう》のもてなし

タルソスの人《ひと》びとは、アレクサンドリアからやってきた船《ふね》を一目《ひとめ》見《み》ようと、港《みなと》に集《あつ》まってきました。

黄金《おうごん》でかざられた、
見《み》たことのない美《うつく》しい船《ふね》です。
あざやかな、むらさき色《いろ》のほが、
はためきます。笛《ふえ》や、たてごとの
音色《ねいろ》が流《なが》れ、香水《こうすい》のようなあまい
かおりがみちています。
「あれが、エジプト女王《じょおう》の船《ふね》か！」
「なんと美《うつく》しい！」

クレオパトラは、アントニウスにつかいを出《だ》しました。夕食《ゆうしょく》にしょうたいしたのです。

(女王《じょおう》として、わたしのほうからアントニウスの元《もと》へ行《い》くなんて、まっぴらよ。こちらからまねくことにするわ。)

夜《よる》になって、アントニウスが家来《けらい》をつれて、乗《の》りこんできました。

「ようこそ、アントニウスさま。」

クレオパトラは、大《おお》きな真《しん》じゅや*1ラピスラズリなどの宝石《ほうせき》でかざられた、美《うつく》しいドレスを着《き》て、出《で》むかえました。たくさんのランプが、真昼《まひる》の海《うみ》のように明《あか》るくかがやいています。テーブルには黄金《おうごん》のつぼや、宝石《ほうせき》をはめこんだ食器《しょっき》がならんでいます。

アントニウスは、あまりのきらびやかさに、目《め》を見《み》はりました。

「これは……。まさに、王宮《おうきゅう》がそのまま、船《ふね》で運《はこ》ばれてきたようです、女王《じょおう》さま。ゆめの中《なか》にいるようだ。こんなすばらしい船《ふね》に、おまねきいただき、ありがとうございます。」

（すなおで、気《き》どらない人《ひと》のようね。）

そう感《かん》じたクレオパトラは、心《こころ》からアントニウスに、ほほえみかけました。

「お気《き》にめしたなら、うれしいわ。さあ、食事《しょくじ》にいたしましょう。」

ぜいたくな料理《りょうり》が運《はこ》ばれてきます。

とり肉《にく》や貝《かい》をつめてやいた、子《こ》ブタの丸《まる》やき。ウニやカキやホタテを、酒《さけ》でむし＊2あげたもの。高価《こうか》な、あまいワイン。大《おお》きくみずみずしい、くだもの。

＊1ラピスラズリ…あざやかな、こい青色《あおいろ》をした宝石《ほうせき》。古代《こだい》から大切《たいせつ》に用《もち》いられた。＊2むす…湯気《ゆげ》でねつをくわえる。

アントニウスは、さかんに食《た》べ、飲《の》みました。戦争《せんそう》のとき、助《たす》けてくれなかった、というもんくは、すっかり頭《あたま》からぬけてしまったようです。クレオパトラとの、楽《たの》しいおしゃべりに、夜《よ》がふけていきました。

二人《ふたり》には、話《はな》すことがたくさんありました。カエサルの思《おも》い出《で》、ローマでの権力《けんりょく》あらそいのこと、エジプトの政治《せいじ》のこと、アレクサンドリアのすばらしさ。

アントニウスをもてなす夕食会《ゆうしょくかい》は、いくばんもつづき、二人《ふたり》は、すっかりうちとけていきました。

(アントニウスは四十二歳《さい》、二十八歳《さい》のわたしよりずっと年上《としうえ》だけれど、古《ふる》くからの友《とも》だちみたいな気《き》がする。いつまでしゃべっていても、あきないわ。)

その思《おも》いは、アントニウスも同《おな》じだったようです。クレオパトラがエジプトにもどってしばらくすると、かれは、アレクサンドリアへやってきたのでした。

10

クレオパトラの不安《ふあん》

カエサルとはちがって、軍隊《ぐんたい》をつれずやってきたアントニウスを、アレクサンドリア市民《しみん》はよろこんでむかえました。

アントニウスも、アレクサンドリアが気《き》に入《い》ったようで、あちらこちらの神殿《しんでん》を見物《けんぶつ》したり、体育館《たいいくかん》で運動《うんどう》したり、町《まち》の外《そと》までかりをしに行《い》ったりしています。市民《しみん》にへんそうして、町《まち》じゅうを歩《ある》きまわることもありました。そんなアントニウスは、町《まち》の人《ひと》びとの人《にん》気者《きもの》となりました。

クレオパトラは、楽《たの》しそうなアントニウスのようすに、ほほえみました。

（まるで、かけまわって遊《あそ》ぶ、少年《しょうねん》みたい。）

二人《ふたり》は、毎日《まいにち》ゆかいにすごしました。

クレオパトラは、あいかわらずいそがしく、女王《じょおう》としてのさまざまな役《やく》わりをこなしていましたが、それ以外《いがい》の時間《じかん》はアントニウスといっしょでした。

けれども、クレオパトラはときどき心配《しんぱい》になりました。

（かれがここに来《き》て、もう半年《はんとし》。いっしょにいるのは楽《たの》しいけれど、こんなに長《なが》いこと、ローマをるすにして、だいじょうぶかしら。）

前《まえ》に、カエサルがアレクサンドリアにとどまったとき、ローマではそれを悪《わる》くいう人《ひと》が、たくさんいたのです。

（ローマでの、かれの力《ちから》や地位《ちい》が、ひくくならないといいけれど……。）

町《まち》の南《みなみ》にある湖《みずうみ》へ、船《ふね》で魚《さかな》つりにいったときのことです。

クレオパトラはすぐにつりあげましたが、アントニウスのつりざおには、なかなか魚《さかな》がかかりません。

にがい顔《かお》をしていたアントニウスは、家来《けらい》に何《なに》ごとかをいいつけました。それからあとは、びっくりするほど次《つぎ》つぎに、大《おお》きな魚《さかな》がかかったのです。気《き》をつけて見《み》ていると、アントニウスの家来《けらい》が、たびたび湖《みずうみ》に、もぐっていきます。

（家来《けらい》がこっそりつりあげた魚《さかな》を、アントニウスのつりばりに引《ひ》っかけてやっているのだわ。なんて子《こ》どもっぽいことを！）

クレオパトラはわらいをこらえて、
「アントニウス、すごいわ！　つりまでおじょうずだなんて。」
とおだてました。

次《つぎ》の日《ひ》も、魚《さかな》つりにでかけました。

すぐに、アントニウスのつりざおに、手《て》ごたえがありました。大《おお》よろこびでつりあげると、それは湖《みずうみ》にいないはずのニシン*。しかも、塩《しお》づけになっているものでした。

「なんで、こんなものが？」

アントニウスが、ニシンを手《て》に首《くび》をかしげると、クレオパトラと侍女《じじょ》たちが、わらいだしました。

アントニウスは、真《ま》っ赤《か》になりました。

「クレオパトラ、あなたのしわざか？」

「そうよ。きのうの、あなたのやり方《かた》をまねしたの。」

塩《しお》づけニシンは、クレオパトラが家来《けらい》に命《めい》じて、かれのつりばりに引《ひ》っかけてやったものでした。

二人《ふたり》は大《おお》わらいしました。

「これはやられた！　あなたも、いたずらずきだなあ！」

「うふふ、そうよ。でもね、アントニウス将軍《しょうぐん》！　あなたは魚《さかな》つりよりも、もっともっと大《おお》きなことができる人《ひと》でしょ？」

アントニウスは、えがおを引《ひ》っこめました。

「そうだなあ……ここにいると、時間《じかん》をわすれてしまうよ。でも、そろそろ戦場《せんじょう》へ、もどらなければならないな。」

春《はる》になると、アントニウスは新《あら》たな戦場《せんじょう》へと旅立《たびだ》っていきました。

アントニウスが戦争《せんそう》を終《お》えてもどっていったのは、ローマでした。

＊ニシン…ニシン科《か》の海水魚《かいすいぎょ》。北半球《きたはんきゅう》の、水温《すいおん》がひくい海《うみ》に多《おお》い。

さらに、クレオパトラはつらい知《し》らせを聞《き》きました。アントニウスが、オクタウィアヌスの姉《あね》と結婚《けっこん》したというのです。しかし、このときクレオパトラは、アントニウスとの子《こ》どもを宿《やど》していたのです。

まもなく、男《おとこ》の子《こ》と女《おんな》の子《こ》のふたごの赤《あか》ちゃんが生《う》まれました。赤《あか》ちゃんは、ヘリオスとセレネと名《な》づけられました。

(この子《こ》たちもいるんだもの。アントニウスが、エジプトの力《ちから》になってくれることには、かわりないわ。)

けれども、アントニウスは、戦場《せんじょう》をかけまわるばかりでした。すぐれた軍人《ぐんじん》であるアントニウスは、しだいに*領土《りょうど》をふやしていきました。

苦《くる》しいたたかいをしているときもありました。知《し》らせを受《う》けて、クレオパトラが兵士《へいし》や食料《しょくりょう》をとどけに、遠《とお》い戦場《せんじょう》までみずからかけつけたこともありました。

長《なが》い戦争《せんそう》が終《お》わり、アントニウスがもどったのは、ローマではなく、エジプトのクレオパトラの元《もと》でした。

「お帰《かえ》りなさい、アントニウス！　ぶじでよかったわ。」

＊領土《りょうど》…おさめている土地《とち》。

「クレオパトラ、会《あ》いたかった！　そうだ、がいせん式《しき》を行《おこな》おう。このアレクサンドリアで。」

「えっ、ローマではなく、ここで？」

「そうとも。ぼくは、ここが大《だい》すきなんだ。」

はなやかな、がいせん式《しき》が行《おこな》われました。イシスの衣《い》しょうを着《き》たクレオパトラと、ギリシアの神《かみ》の衣《い》しょうを身《み》につけたアントニウスが、広場《ひろば》におかれた黄金《おうごん》の巨大《きょだい》な王《おう》のいすにすわりました。

その足元《あしもと》には、小《ちい》さな王座《おうざ》が四《よっ》つ。カエサリオンと、アントニウスを父《ちち》とするふたごたちと、少《すこ》し前《まえ》に生《う》まれた、小《ちい》さなフィラデルフォスがすわります。

花《はな》ふぶきがまい、音楽《おんがく》が流《なが》れ、着《き》かざったアレクサンドリアの人《ひと》びとの「エジプトばんざい！」という大《だい》かん声《せい》が起《お》こります。

アントニウスは、自分《じぶん》が勝《か》ちとった領土《りょうど》を、クレオパトラと四人《にん》の子《こ》どもたちにあたえる、とつげました。これによりエジプトの領《りょう》土《ど》は、プトレマイオス王朝《おうちょう》となってから、もっとも広《ひろ》くなりました。

パレード、そして、何日《なんにち》もつづくパーティー。クレオパトラとアントニウス、そして、四人《にん》の子《こ》どもたちの未来《みらい》には、なんのかげりもないかに見《み》えました。

しかし、クレオパトラのむねには、不安《ふあん》がうずまいていました。

アントニウスがエジプトにあたえるといった領土《りょうど》は、ローマの将《しょう》軍《ぐん》として戦争《せんそう》して手《て》に入《い》れたというのに、ローマの政治家《せいじか》たちには、何《なに》も知《し》らせてはいません。しかも、その領土《りょうど》の中《なか》には、じつはまだかれが手《て》に入《い》れていない国《くに》、これから戦争《せんそう》をしかける国《くに》もふくまれているのです。

(もめごとにならないと、いいけれど……。でも、今回《こんかい》は、カエサリオンのことをローマの人《ひと》たちに思《おも》いだしてもらう、いい機会《きかい》だわ。)

ローマでは、アントニウスとならんで、カエサルのあとをついだオクタウィアヌスの力《ちから》が、ますます強《つよ》くなっていたのです。

(カエサリオンは、もう十二歳《さい》。英雄《えいゆう》カエサルのむすこなのだから、あとつぎになってもおかしくないはずよ。この子《こ》が、ここでりっぱに育《そだ》っていることが、ローマとのつながりを強《つよ》めるかもしれないわ。)

11

海《うみ》でのたたかい

エジプトのようすに、やはりオクタウィアヌスはだまっていませんでした。

「あのエジプトの女《おんな》は、アントニウスを味方《みかた》に引《ひ》きいれ、次《つぎ》はローマをほろぼして自分《じぶん》のものにしようとしているのだ！　今《いま》こそ、たたかうときだ！」

そういって、ローマの人《ひと》びとを、け

しかけたのです。かれはクレオパトラに、戦争《せんそう》を始《はじ》めると知《し》らせてきました。

クレオパトラは、青《あお》ざめました。

「わたしは、ローマをほしがったことなど、一度《いちど》もないわ！　よその国《くに》に戦争《せんそう》をしかけたこともない。わたしも父王《ちちおう》も、ローマにおくり物《もの》をして、きげんをそこねないようにうまくやってきたはずなのに！」

アントニウスは、両手《りょうて》のこぶしをにぎりしめました。

「わかっている。ねらいは、わたしだよ。わたしをたおせば、あいつがローマ一《いち》の権力者《けんりょくしゃ》になれる。そのために、あなたをてきに仕《し》立《た》てて、戦争《せんそう》をしかけてきたのだ。いつかは、こういうときが来《く》ると思《おも》っていたよ。わたしは行《い》くぞ！」

「わたしも行《い》くわ！」

「いや、あなたは、アレクサンドリアにいてくれ。たたかいは、わたしにまかせて。」

そういうアントニウスに、クレオパトラは、首《くび》をふりました。

「だめよ、アントニウス。たたかいをいどまれたのは、わたしだもの！　わたしが、エジプトを守《まも》らなければ。」

ついに、地中海《ちちゅうかい》ぞいの北《きた》の港《みなと》に、両軍《りょうぐん》の船《ふね》が集《あつ》まってきました。

クレオパトラたちの船《ふね》は、三百せき以上《いじょう》。兵士《へいし》たちは、陸《りく》へ上《あ》がり、あれ地《ち》にテントをはり、たたかいにそなえました。しかし、オクタウィアヌス軍《ぐん》は、沖《おき》にとどまったままです。その数《かず》、四百せき。

せまい湾《わん》の出入《でい》り口《ぐち》に、びっしりとならんでいます。

「いけない、湾《わん》にとじこめられてしまった！」

クレオパトラとアントニウスが気《き》がついたときには、味方《みかた》の船《ふね》は一せきも、湾《わん》に出入《でい》りすることができなくなっていました。

食料《しょくりょう》や水《みず》をつんだ船《ふね》も、近《ちか》づけません。そのまま四か月《げつ》もすぎ、八月《がつ》となりました。食《た》べ物《もの》がなくなり、暑《あつ》さの中《なか》、伝《でん》せん病《びょう》で死《し》ぬ兵士《へいし》や、脱走《だっそう》する兵士《へいし》もあらわれました。

てきの軍《ぐん》が、動《うご》くようすはありません。クレオパトラたちの軍隊《ぐんたい》が、弱《よわ》ってたおれていくのを待《ま》っているのでしょう。

「このままではあぶない。思《おも》いきって、こちらからせめていこう。そして、すきを見《み》て脱出《だっしゅつ》するんだ。」

アントニウスとその軍《ぐん》は、船《ふね》に乗《の》りこみ、湾《わん》の出口《でぐち》をめざしました。クレオパトラの船《ふね》は、アントニウスの船《ふね》の後《うし》ろにつきました。

ラッパの音《おと》が鳴《な》りひびきます。

船首《せんしゅ》を、沖《おき》にひしめくてきに向《む》け、こぎだします。

「矢《や》を放《はな》て！　石《いし》を投《な》げろ！」

両軍《りょうぐん》から、矢《や》や石《いし》があらしのようにとびかいます。兵士《へいし》たちがばたばたとたおれ、海《うみ》に落《お》ち、船《ふね》のマスト*がくだけました。

しかし、決着《けっちゃく》がつくことなく、夕《ゆう》ぐれがせまってきました。

「たたかいを長引《ながび》かせるわけにいかないわ。兵士《へいし》たちをうしなってしまう。なんとか脱出《だっしゅつ》しなくては。」

クレオパトラがたたかいのようすをうかがっていると、てきの船《ふね》が何《なん》せきか動《うご》いて、アントニウス軍《ぐん》の横《よこ》に回《まわ》りこんだのがわかりました。ひしめいていた両軍《りょうぐん》の船《ふね》の真《ま》ん中《なか》に、すきまができます。

「今《いま》よ！」

クレオパトラの船《ふね》が、大《おお》きなほをかかげ一気《いっき》にスピードをあげ、戦場《せんじょう》の中《なか》をまっしぐらにかけぬけました。

「クレオパトラの船《ふね》につづけ！」

アントニウス軍《ぐん》の船《ふね》が、ほをあげました。

おどろいたてきは、こうげきするのもわすれ、クレオパトラたちの船《ふね》が湾《わん》の外《そと》に出《で》て南《みなみ》へ消《き》えていくのを見送《みおく》るばかりでした。

しかし、すぐにてきの船《ふね》が動《うご》きだしました。湾《わん》の出口《でぐち》は、がっちりとふさがれてしまったのです。

アントニウス軍《ぐん》のほとんどの船《ふね》は、湾《わん》から出《で》ることができず、ほろぼされてしまいました。

＊マスト…帆柱《ほばしら》のこと。帆《ほ》をはるために立《た》てる柱《はしら》。

12

最後《さいご》の役目《やくめ》

クレオパトラとアントニウスは、つかれきってアレクサンドリアへ帰《かえ》りつきました。

アントニウスは、ひどく落《お》ちこみました。

「わたしのせいだ……。作戦《さくせん》は、しっぱいだった。わたしは、兵士《へいし》を見《み》すてて、自分《じぶん》だけにげだしたようなものだ。」

「アントニウス、自分《じぶん》をせめるひまがあったら、今《いま》できることをしましょう。軍隊《ぐんたい》を立《た》てなおすのよ！　あの、つめたいオクタウィアヌスが、あきらめるはずがない。アレクサンドリアへせめてくるわ。」

クレオパトラは、まわりの国《くに》ぐにに、味方《みかた》についてくれるようもとめました。しかし、ローマをおそれてか、なかなか味方《みかた》はふえません。

アントニウスは、すっかりかわってしまいました。かたを落《お》とし、港《みなと》を歩《ある》きまわるばかりです。かつての、勇気《ゆうき》にみち、おそれを知《し》らない将軍《しょうぐん》のおもかげを、うしなっていました。

「ねえ、あなたは将軍《しょうぐん》なのよ。おねがいだから、暗《くら》い顔《かお》をしないで。

ほこりをもって、オクタウィアヌスに立《た》ちむかいましょう。でないと、死《し》んでしまった兵士《へいし》たちに顔向《かおむ》けできないわ。」

それでも、アントニウスは、力《ちから》なく首《くび》を横《よこ》にふるだけでした。

（このうえ、戦争《せんそう》は無理《むり》だわ。でも、この国《くに》はどうなるの？　子《こ》どもたちは？　エジプトがローマにうばわれることと、子《こ》どもたちが、てきにとらえられることだけは、なんとしてもふせがなくては。カエサリオンは十七歳《さい》、いちばん下《した》のフィラデルフォスは、まだ六歳《さい》。カエサリオンが王《おう》として、エジプトを守《まも》れるように、力《ちから》をつくそう。

　そのためには、わたしは女王《じょおう》としての地位《ちい》をすてよう。命《いのち》だって、おしくはないわ。）

クレオパトラは、オクタウィアヌスに使者《ししゃ》を送《おく》りました。自分《じぶん》は政治《せいじ》の場《ば》からしりぞくから、子《こ》どもたちがこの先《さき》エジプトの王位《おうい》をつぐことをみとめてほしい——と。

しかし、オクタウィアヌスからの返事《へんじ》は、「アントニウスをころせば、エジプトの安全《あんぜん》を守《まも》ろう」ということでした。

クレオパトラは、顔《かお》をおおいました。

（アントニウスをころす——？　だめよ、わたしにはできない。）

かれとすごした、かがやくような日《ひ》びが、目《め》の前《まえ》にうかびます。

（それに——あの、頭《あたま》のいいオクタウィアヌスのことだもの。アントニウスなきあと、ゆうゆうとエジプトをせめほろぼすかもしれないわ。）

もう、自分《じぶん》には、できることは多《おお》くはない——クレオパトラは、そうさとりました。

（せめて、エジプト女王《じょおう》のほこりを、世界《せかい》にしめすのよ。よその国《くに》の軍人《ぐんじん》なんかに、決《けっ》してふみにじられてなるものですか！）

クレオパトラは、まずカエサリオンを、数人《すうにん》の家来《けらい》とともに、ナイル川《がわ》の上流《じょうりゅう》へとにがしました。カエサルのむすこですから、オクタウィアヌスが、命《いのち》をねらうはずです。

それから、王宮《おうきゅう》のはしの、アレクサンドリアの港《みなと》を見下《みお》ろせる丘《おか》の上《うえ》、女神《めがみ》イシスの神殿《しんでん》のとなりに、美《うつく》しい二階《かい》だての、たて物《もの》をつくらせました。

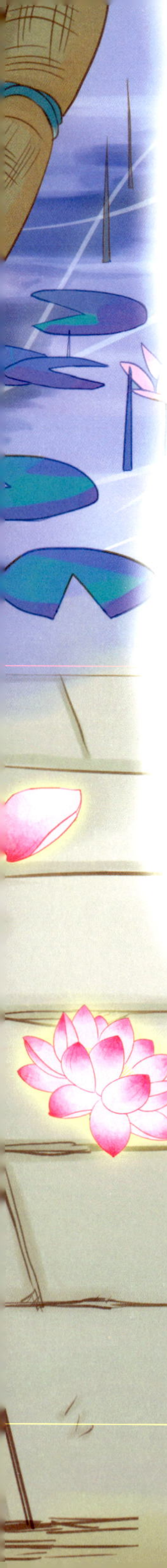

それは、かの女《じょ》のれいびょう、王《おう》の墓所《ぼしょ》となるものでした。

よく年《とし》の夏《なつ》、アレクサンドリアの港《みなと》に、たくさんの船《ふね》があらわれました。いよいよ、オクタウィアヌスひきいるローマ軍《ぐん》がせめてきたのです。

「クレオパトラ女王《じょおう》を守《まも》れ！」

「エジプトを守《まも》れ！」

アレクサンドリアの市民《しみん》が、立《た》ちあがりました。ナイル川《がわ》ぞいの村《むら》むらからも、ぞくぞくと農民《のうみん》がかけつけました。

クレオパトラは王宮《おうきゅう》のバルコニーに立《た》ち、武器《ぶき》を手《て》にした人《ひと》びとによびかけました。

「みなさん！　みなさんの気持《きも》ちを、たいへんうれしく思《おも》います。

けれども、みなさんはたたかいをしてはなりません。きずついてはなりません。

みなさんは、自分《じぶん》の仕事《しごと》をせいいっぱい、やりとげてください。畑《はたけ》をたがやし、神《かみ》にいのりをささげ、ランプやテーブルや薬《くすり》を作《つく》り、馬《うま》の世話《せわ》をするのです。それが、この国《くに》を守《まも》ることにつながります。

わたしはわたしの仕事《しごと》、オクタウィアヌスとの話《はな》し合《あ》いをつづけます。わたしは決《けっ》してあきらめませんよ。みなさんもどうか、気持《きも》ちを強《つよ》くもってください。」

クレオパトラの*りんとした声《こえ》に、人《ひと》びとは落《お》ちつきを取《と》りもどし、それぞれの家《いえ》や村《むら》に帰《かえ》っていきました。

*りんとした……ふるまいやようすが、ひきしまっていて、いさましく美《うつく》しい。

クレオパトラは、世界一《せかいいち》といわれた財宝《ざいほう》——宝石《ほうせき》や金《きん》、アクセサリー、ごうかな衣《い》しょうなどを、れいびょうに持《も》ちこみ、さらにたくさんのたきぎを運《はこ》びこませました。

クレオパトラは、オクタウィアヌスがこれらの財宝《ざいほう》をほしがっているのを、知《し》っていました。エジプト、それに子《こ》どもたちの命《いのち》をうばうというのなら、財宝《ざいほう》に火《ひ》をつけ、自分《じぶん》も死《し》んでいく。そう、オクタウィアヌスにつげるつもりでした。

いっぽう、アントニウスは、オクタウィアヌスの軍《ぐん》を目《め》にすると、目《め》がさめたように動《うご》きだしました。

「わたしは今《いま》まで、何《なに》をしていたのだ。よし、最後《さいご》までたたかうぞ！」

兵士《へいし》を集《あつ》め、なんとか小《ちい》さな軍隊《ぐんたい》をつくると、先《さき》に上陸《じょうりく》していた

オクタウィアヌスの小隊《しょうたい》をむかえました。
そのたたかいに勝《か》ったアントニウスは、
数日後《すうじつご》に上陸《じょうりく》した大軍団《だいぐんだん》に、
そうこうげきをしかけました。

「進《すす》め――！」

ラッパの音《おと》がひびきます。

しかし兵士《へいし》たちは、てきの軍《ぐん》の前《まえ》でとつぜん歩《あゆ》みを止《と》めました。そして、なんということ、にげさってしまったのです。アントニウスをおきざりにして――。＊手《て》ひどいうらぎりでした。

アントニウスには、もう、きぼうはありません。あとは、死《し》――てきにころされる前《まえ》に、みずから命《いのち》をたつことしかのこされていませんでした。

王宮《おうきゅう》にかけもどると、かれはクレオパトラをさがしました。ローマ軍《ぐん》をおそれてにげまどう家来《けらい》たちに、クレオパトラがどこにいるか、たずねると、

「女王《じょおう》さまは、れいびょうにお入《はい》りになりました。」

という返事《へんじ》です。

「れいびょう――墓所《ぼしょ》に入《はい》ったというのか！　クレオパトラは、もう死《し》んでしまったのか！」

アントニウスは、つるぎをぬきました。

「あなたがすでにこの世《よ》にいないのなら、わたしもすぐ、あとを追《お》うまでだ。」

かれは、みずからの体《からだ》をつるぎでつらぬきました。息《いき》も、たえだえのアントニウスを、クレオパトラの家来《けらい》が見《み》つけました。

「なんてことを！　クレオパトラさまは、オクタウィアヌスと最後《さいご》の話《はな》し合《あ》いをするために、れいびょうにこもっていたのですよ！」

「そうだったのか……それなら、クレオパトラのそばで死《し》にたい。

＊手《て》ひどい…たいへんはげしい。とてもきびしい。

わたしをクレオパトラの元《もと》に運《はこ》んでくれ。」

しかし、れいびょうのとびらは、一度《いちど》とじると二度《にど》と開《あ》かないつくりになっています。まどが、二階《かい》にあるのみです。

「アントニウスを、二階《かい》のまどへ！」

クレオパトラが、まどからロープを投《な》げおとしました。下《した》では、家来《けらい》たちが、苦《くる》しむアントニウスをぬのでつつみ、ロープをまきつけました。

二階《かい》のまどから、侍女《じじょ》たちがアントニウスの体《からだ》を力《ちから》いっぱい引《ひ》きあげました。

「アントニウス！　あいする人《ひと》！」

クレオパトラは、なきながらかれをだきしめました。

「クレオパトラ、あなたに出会《であ》えてよかった……。」

そういいのこし、ローマの英雄《えいゆう》は、クレオパトラのうでの中《なか》で、旅立《たびだ》っていきました。

13

クレオパトラの最期《さいご》

「クレオパトラ女王《じょおう》！　オクタウィアヌス将軍《しょうぐん》の使者《ししゃ》です。話《はな》しあおうではありませんか。開《あ》けてください。」

れいびょうの外《そと》から、声《こえ》が聞《き》こえます。

「とびらは開《あ》きません。アントニウスは、今《いま》、息《いき》を引《ひ》きとりました……。」

クレオパトラが、なみだをぐっとこらえ、答《こた》えました。

「オクタウィアヌス将軍《しょうぐん》は、あなたがこのれいびょうに火《ひ》を放《はな》つことなく、ぶじに出《で》てきてくれることを、のぞんでいます。」

使者《ししゃ》の声《こえ》に、クレオパトラは、くちびるをかみしめました。

(やはり、オクタウィアヌスのねらいは、この財宝《ざいほう》なのね。そして、わたしを生《い》きたまま、とらえること。)

クレオパトラは大《おお》きく息《いき》をすい、使者《ししゃ》につげました。

「わたしののぞみは、わたしの子《こ》どもたちがこの国《くに》の王《おう》、女王《じょおう》となり、エジプトがこれまでのように、国《くに》としてさかえていくことです。それを約束《やくそく》し、正式《せいしき》に書《か》きしるしてくれるなら、ここを出《で》ましょう。」

「しかし、クレオパトラ女王《じょおう》、それは……。」

使者《ししゃ》がそういいかけたとき、侍女《じじょ》がさけびました。

「クレオパトラさま！　てきが、まどから！」

オクタウィアヌスの家来《けらい》が、二階《かい》のまどに、はしごをかけて入《はい》りこみ、クレオパトラにしのびよっていたのです。

「あっ！」

クレオパトラは、短《たん》けんを取《と》りだし、むねをつこうとしました。

（てきにつかまるくらいなら、ここで死《し》ぬわ！）

しかし、とびかかってきた、てきの兵《へい》に、短《たん》けんをもぎとられてしまいました。れいびょうのとびらがこわされ、クレオパトラはついにとらわれの身《み》となりました。財宝《ざいほう》も、オクタウィアヌスの元《もと》に運《はこ》びだされてしまいました。

アントニウスとの間《あいだ》の三人《にん》の子《こ》どもたちも、とらえられました。

その知《し》らせを聞《き》いたクレオパトラは、いのることしかできませんでした。

(セレネ、ヘリオス、フィラデルフォス、ごめんなさい！　あなたたちは、なんとか生《い》きぬいて……。)

クレオパトラは、王宮《おうきゅう》の中《なか》の一室《いっしつ》に、侍女《じじょ》とともに、とじこめられました。

(わたしを生《い》かしておいて、ローマへほりょ＊1として送《おく》って、がいせん式《しき》に引《ひ》きだすつもりね。)

そのころのローマでは、はなやかながいせん式《しき》の最後《さいご》に、＊2戦利品《せんりひん》として、ほりょをくさりにつないで、広場《ひろば》を歩《ある》かせることがよくありました。それだけは、ぜったいに、さけなければなりません。

(わたしがほりょになって、＊3さらし者《もの》になることは、エジプトが、

＊1ほりょ…てきに、つかまった人《ひと》。＊2戦利品《せんりひん》…戦争《せんそう》などで、てきからうばって手《て》に入《い》れた物《もの》。＊3さらし者《もの》…人前《ひとまえ》ではじをかかされる人《ひと》。

ローマに支配《しはい》されるあかし。この国《くに》が、ほろびてしまう。
——やるなら、今《いま》しかないわ。）
クレオパトラは、決心《けっしん》しました。
まず、オクタウィアヌスあてに手紙《てがみ》を書《か》き、かれの家来《けらい》にわたし

ました。それから、女王《じょおう》としての正《せい》そうのドレスを取《と》りだしました。つるぎなどは、すべてうばわれていましたが、ドレスやアクセサリーはのこされていました。

クレオパトラは、部屋《へや》のすみにおかれた、ふたつきのかごを取《と》りあげました。家来《けらい》に命《めい》じて運《はこ》ばせた、いちじくでした。けれども、かごのそこからは、カサカサッという音《おと》がしてきます。

「時間《じかん》はかからないはず――そう苦《くる》しまないし、顔色《かおいろ》が青黒《あおぐろ》くなることもないわ。わたしは、生物学《せいぶつがく》や薬学《やくがく》の勉強《べんきょう》がすきだったから、よく知《し》っているのよ。それにね、たいしていたくもないわ。」

クレオパトラは、せいいっぱい、いたずらっぽくほほえみました。

「クレオパトラさまったら。……三びき、いるんですよね？　わたしたちも、おともします。」

二人《ふたり》の侍女《じじょ》が、なきわらいをしていいました。

二人《ふたり》はクレオパトラの衣《い》しょうの着《き》つけをてつだい、ひたいに女《じょ》王《おう》のしるしである白《しろ》いリボンをまきつけてくれました。

「あなたたち、長《なが》い間《あいだ》、ありがとう。心《こころ》から礼《れい》をいいます。」

クレオパトラは、最後《さいご》までいっしょにすごした、ちゅうじつな侍《じ》女二人《じょふたり》にそういいのこし、かごに手《て》をさしいれました。

かの女《じょ》のうでにからみついてきたのは、細《ほそ》い毒《どく》ヘビでした。


手紙《てがみ》をにぎりしめ、オクタウィアヌスがクレオパトラの部屋《へや》にかけこんできました。手紙《てがみ》には「わたしをアントニウスのとなりに、ほうむってください」と書《か》いてあります。

クレオパトラは大《おお》きなねいすの上《うえ》に、ねむるように横《よこ》たわっていました。一人《ひとり》の侍女《じじょ》は、ねいすの下《した》にたおれ、すでに息《いき》がないように見《み》えます。もう一人《ひとり》の侍女《じじょ》は、ふらふらになりながらも、クレオパトラのひたいのリボンを整《ととの》えていました。

「クレオパトラ、なんてことを！」

オクタウィアヌスの家来《けらい》が、さけびました。

侍女《じじょ》がゆっくりとふりむき、

「ええ、さすがクレオパトラさまですわ。最期《さいご》まで……エジプト王《おう》家《け》の女王《じょおう》として、どうどうとされて……。」

そうつぶやいて、じゅうたんの上《うえ》に、がくりとくずれおちました。

＊ちゅうじつ…真心《まごころ》をもって、よくはたらくこと。

オクタウィアヌスは、何《なに》もいわず、
クレオパトラの美《うつく》しい死《し》に顔《がお》を見《み》つめました。
アレクサンドリアの海《うみ》の波音《なみおと》だけが、
ひびいていました。

クレオパトラはのぞみどおり、アントニウスのとなりにほうむられました。古代《こだい》エジプト最後《さいご》の女王《じょおう》は、三十九年間《ねんかん》のしょうがいをとじました。

エジプトをローマから守《まも》り、子《こ》どもたちが王位《おうい》をつげるように、というクレオパトラのねがいは、かないませんでした。

カエサリオンは、オクタウィアヌスの兵士《へいし》につかまり、ころされてしまいました。アントニウスとクレオパトラの三人《にん》の子《こ》どもたちは、ローマに送《おく》られました。しかし、*むごいあつかいを受《う》けることなく、オクタウィアヌスの姉《あね》であり、アントニウスのつまであったオクタウィアの家《いえ》に引《ひ》きとられました。やさしいオクタウィアは、思《おも》いやりをもって、子《こ》どもたちを育《そだ》てたということです。

エジプトは、ローマが支配《しはい》することになりました。しかし、その後数百年《ごすうひゃくねん》の間《あいだ》、文化《ぶんか》やエジプトの神《かみ》さまたちへの信《しん》こうは、受《う》けつがれました。

女王《じょおう》として二十一年《ねん》の間《あいだ》、国《くに》をおさめた、クレオパトラ。その死《し》を、エジプトじゅうの人《ひと》びとが悲《かな》しみ、死後何百年《しごなんびゃくねん》にもわたって、したわれつづけました。

その生《しょう》がいは、世界《せかい》じゅうで、伝説《でんせつ》として、あるいは物語《ものがたり》として、絵画《かいが》や映画《えいが》でも、今《いま》もくりかえし、えがかれています。

二人《ふたり》の英雄《えいゆう》にあいされた美《うつく》しい女性《じょせい》として、そして、すぐれた政《せい》治家《じか》、かしこく勇気《ゆうき》あふれる女王《じょおう》として。

（おわり）

＊むごい…思《おも》いやりがない。

はいけい、クレオパトラさま

金《かな》治《じ》直《なお》美《み》

あなたがなくなってから、もう二千年《ねん》以上《いじょう》たちますね。でも、あなたは今《いま》も、世界《せかい》じゅうの有名人《ゆうめいじん》です。絶世《ぜっせい》の美女《びじょ》であり、ローマの二人《ふたり》の英雄《えいゆう》を、その美《うつく》しさでとりこにした、という話《はなし》が伝《つた》えられてきたからです。

でも、わたしは長《なが》いこと、ほんとうかなあ？　と思《おも》っていました。ほんとうに美女《びじょ》だったのかな？　美《うつく》しかったとしても、見《み》た目《め》だけで二人《ふたり》の英雄《えいゆう》をめろめろにできるの？　まして、一《ひと》つの国《くに》をおさめられるのかな？

あなたの生《しょう》がいを調《しら》べてみて、すっかりうれしくなりました。あなたのみ力《りょく》を、どっさり感《かん》じたからです。美女《びじょ》かどうかなんて、どうでもよくなるほど。

数《すう》か国語《こくご》を話《はな》せたこと。勉強《べんきょう》がすき。話《はな》し上手《じょうず》。エジプトを愛《あい》し、文化《ぶんか》や学問《がくもん》を愛《あい》していたこと。ユーモアのセンスがあり、いたずらずきだったこと。

そして、女王《じょおう》となって二十一年《ねん》、アレクサンドリア戦争《せんそう》ののちは、エジプトに大《おお》きなあらそいがなく、国民《こくみん》からしたわれていたこと。それは、政治《せいじ》にしんけんに取《と》りくんだかしこい「王《おう》」でなければ、なしとげられないことです。

古代《こだい》のアレクサンドリアの町《まち》も、すばらしくすてきですね。二千年《ねん》以上《いじょう》も昔《むかし》だというのに、図書館《としょかん》や研究所《けんきゅうじょ》があり、天《てん》をつくような灯台《とうだい》があり、地球《ちきゅう》が丸《まる》いことも、円周率《えんしゅうりつ》のことも知《し》っていた都《みやこ》。女《おんな》の人《ひと》がおしゃれをして、仕事《しごと》に芸術《げいじゅつ》に活《かつ》やくできる町《まち》。まさに、あなたというすぐれた王《おう》が生《う》まれるのに、ふさわしい地《ち》です。

クレオパトラさん、この物語《ものがたり》のできばえは、いかがです？　「うれしいわ、こういうふうにえがいてほしかったの！」といってくれるでしょうか？

日本の子《こ》どもたちに、あなたのファンをふやしたい、金治直美《かなじなおみ》より

文　**金治直美**（かなじ　なおみ）

埼玉県生まれ。日本児童文芸家協会会員。児童文芸新人賞受賞、読書感想画中央コンクール指定図書『さらば、猫の手』（岩崎書店）、青少年読書感想文全国コンクール課題図書『マタギに育てられたクマ』（佼成出版社）、『私が今日も、泳ぐ理由　パラスイマー　一ノ瀬メイ』（Gakken）他作品多数。

絵　**佐々木メエ**（ささき　めえ）

滋賀県の田舎育ちのイラストレーター。作品に『ギリシア神話ふしぎな世界の神様たち』（集英社）、『10歳までに読みたい世界名作 小公女セーラ』『同 フランダースの犬』『10歳までに読みたい日本名作 里見八犬伝』『同 源氏物語』「ベストフレンズベーカリー」シリーズ（すべてGakken）などがある。

監修　**近藤二郎**（こんどう　じろう）

東京都生まれ。早稲田大学文学学術院教授、早稲田大学エジプト学研究所所長。日本オリエント学会会長。1976年より40年以上にわたりエジプト各地で発掘調査に従事。専門はエジプト学。監修に『もののはじまり館』（小学館）、「学研まんが NEW世界の歴史」シリーズ（Gakken）ほか、著作も多数。

参考文献／『クレオパトラ』（早川書房）、『クレオパトラ　古代エジプト最後の女王』（創元社）、『古代エジプト　ナイル河畔に築かれた王国三千年の興亡と至宝の文明』（新星出版社）、『悲劇の女王クレオパトラ　失われた宮殿に眠る最後のファラオ』（原書房）、『エジプト神話の図像学』（河出書房新社）、『エジプトの神話　兄弟神のあらそい』（筑摩書房）、『古代エジプト入門』（あすなろ書房）、『古代エジプト』（金の星社）、『ナイルの恵み』『ローマ帝国をきずいた人々』（ともに東京書籍）。

やさしく読めるビジュアル伝記 2巻

クレオパトラ

2018年5月 8 日　第 1 刷発行
2025年3月18日　第 7 刷発行

文／金治直美
絵／佐々木メエ
監修／近藤二郎

装幀・本文デザイン／ムシカゴグラフィクス
（こどもの本デザイン室）
巻頭絵図／藤城陽

発行人／川畑　勝
編集人／高尾俊太郎
企画編集／松山明代　岡あずさ
編集協力／勝家順子　上埜真紀子
DTP／株式会社アド・クレール
発行所／株式会社Gakken
〒141-8416 東京都品川区西五反田2-11-8
印刷所／株式会社広済堂ネクスト

この本は環境負荷の少ない下記の方法で製作しました。
●製版フィルムを使用しないCTP方式で印刷しました。
●一部ベジタブルインキを使用しました。
●環境に配慮して作られた紙を使用しています。

●この本に関する各種お問い合わせ先
本の内容については、下記サイトのお問い合わせフォームよりお願いします。
https://www.corp-gakken.co.jp/contact/
在庫については　Tel 03-6431-1197（販売部）
不良品（落丁、乱丁）については　Tel 0570-000577
学研業務センター
〒354-0045　埼玉県入間郡三芳町上富279-1
上記以外のお問い合わせは
Tel 0570-056-710（学研グループ総合案内）

NDC289　148P　21cm

学研グループの書籍・雑誌についての新刊情報・詳細情報は、下記をご覧ください。
学研出版サイト　https://hon.gakken.jp/

また会《あ》おう!